hueber
hochschulreihe 7

große

**altfranzösischer
elementarkurs**

ernst ulrich große

altfranzösischer elementarkurs

max hueber verlag

ISBN 3-19-00.3110-X
2. Auflage 1975
© 1971 Max Hueber Verlag München
Satz: Gebr. Parcus KG, München
Druck: Ludwig Auer, Donauwörth
Printed in Germany

Inhalt

8

Vorwort zur zweiten Auflage

Das Buch wird inzwischen in vielen Einführungskursen als Hilfsmittel benutzt. Es wird häufig auch von Staatsexamenskandidaten, welche die einmal erworbenen Kenntnisse wieder auffrischen wollen, bei der Prüfungsvorbereitung verwendet. (Das Buch richtet sich jedoch an Studienanfänger und gibt Ratschläge zur notwendigen Erweiterung und Vertiefung des Erlernten in den beiden Anmerkungsteilen und in der Bibliographie.) Um den Preis niedrig zu halten, habe ich die Änderungen in der zweiten Auflage auf das Notwendigste beschränkt. Die Druckfehler wurden verbessert, die Darstellungen in Teil II stellenweise um weitere Ausblicke auf das Neufranzösische ergänzt (ein Wunsch vieler Studierender und auch mehrerer Rezensenten) und die bibliographischen Angaben erweitert und aktualisiert.

Zu den Methoden: An den romanischen Seminaren wird im Grundstudium auch eine Einführung in die Linguistik angeboten, die den Studierenden Methodenkenntnisse vermittelt. Sie sollten auch im Altfranzösisch-Studium zur Anwendung kommen, und hierzu regt der Methodenwechsel in diesem Buche an. Denn wo didaktisch vertretbar, sind neuere Verfahren und Erklärungsweisen in die Darstellung einbezogen oder liegen ihr zugrunde. Der Studierende möge nun nicht der Auffassung sein, daß das jeweils bei der Behandlung einer Frage angewandte Verfahren das einzig mögliche sei. Es ist nur dasjenige, das dem Verfasser unter didaktischen Gesichtspunkten als das jeweils sinnvollste erschien. Daher wechseln besonders die traditionelle historische Lautlehre bzw. Grammatik und die strukturelle Phonologie bzw. Morphosyntax einander ab bzw. ergänzen sich. Deshalb wiederum haben mich manche Studenten gebeten, in der zweiten Auflage den durchaus bejahten Methodenpluralismus an „sprechenden" Beispielmaterialien zu illustrieren. Das ist in einem knappen Lernbuch, das eine ungeheure Stoff-Fülle so gut wie möglich zu reduzieren und zu „didaktisieren" sucht, jedoch leider nicht möglich. Gerade hierfür sind vielmehr die Einführungen in die Linguistik da. Zu den Zielen des Hauptstudiums sollte es gehören, das im Grundstudium vorbereitete Methodenbewußtsein und das erlernte historische Hintergrundwissen für das Neufranzösische zu vertiefen (siehe auch die erweiterte Bibliographie). Dies zumindest, solange ein wissenschaftliches Arbeiten an den Universitäten möglich bleibt.

Eine Ergänzung noch zu den Inhalten und Methoden: Den Stoff des Kapitels 9 würde ich heute nicht mehr in Anlehnung an das Aspects-Modell Chomskys darstellen. Geeigneter wäre ein rein strukturelles, semantikorientiertes Beschreibungsverfahren. Kostengründe verbieten jedoch eine solche Änderung. Sie ist zum Glück nicht unbedingt notwendig. Denn auch in der beibehaltenen Form vermittelt das Kapitel, zusammen mit den vorangehenden Kapiteln, einen Einblick in eine Reihe von Phänomenen der altfranzösischen Morphosyntax: solchen Phänomenen nämlich, die untereinander mehr oder weniger eng zusammenhängen und die besonders wichtig für die französische Sprachgeschichte wie auch für die Lektüre der berühmtesten mittelalterlichen Texte Frankreichs sind.

Freiburg i. Br., Juni 1975 Ernst Ulrich Große

Abkürzungen

lt. = lateinisch
klt. = klassisch-lateinisch
slt. = sprechlateinisch, vgl. 1.2.3
frz. = französisch
afrz. = altfranzösisch
mfrz. = mittelfranzösisch
nfrz. = neufranzösisch
engl. = englisch
dt. = deutsch
ahd. = althochdeutsch
nhd. = neuhochdeutsch

Nom. = Nominativ
R = Rektus
Akk. = Akkusativ
Ob. = Obliquus
Sg. = Singular
Pl. = Plural
mask. = maskuline Form
fem. = feminine Form
Ind. = Indikativ
Subj. = Subjonctif (frz.)
Konj. = Konjunktiv (lt.)

Al plus Ziffer = La Vie de Saint Alexis, ed. C. Storey, Oxford (Blackwell) ²1968. Ziffer = Vers.

R plus Ziffer = Das altfranzösische Rolandslied nach der Oxforder Handschrift, ed. A. Hilka, revidiert von G. Rohlfs, Tübingen (Niemeyer) ⁶1965 (Sammlung romanischer Übungstexte Bd. 3/4). Ziffer = Vers.

L plus Ziffer = Chrétien de Troyes: Le Chevalier au Lion (Yvain), ed. M. Roques, Paris (Champion) 1960. Ziffer = Vers in der 4. Edition von W. Foerster. (Ziffer in Klammern = Vers in der Edition von M. Roques, siehe dort bes. S. 207.)

Zeichen

> = (wird) zu

< = (entstand) aus

[ ] = 1. phonetische Umschrift

2. innerhalb eines afrz. Satzes: ist zu ergänzen (Zusatz des Herausgebers)

/ / = Umschrift für Phoneme, vgl. 1.2.1

( ) = 1. innerhalb eines afrz. Satzes: ist zu tilgen (Vorschlag des Herausgebers)

2. in lt. oder afrz. Beispielwort: bereits früh verstummte Laute oder Silben

3. innerhalb einer dt. Übersetzung: erläuternd, zum besseren Verständnis des afrz. Satzes

: hinter Vokal = langer Vokal

‾ über Vokal = langer Vokal

˘ über Vokal = kurzer Vokal

. unter Vokal = (relativ) geschlossen, vgl. 1.1.3

ˌ unter Vokal = (relativ) offen, vgl. 1.1.3

ˆ unter Vokal = zum Reibelaut werdender Vokal, vgl. 5.2

~ über Vokal = Nasalvokal

′ über Vokal = haupttonig, vgl. 4 und 4.5

‵ über Vokal = nebentonig, vgl. 4.5

Diese Zeichen werden nur dort verwendet, wo es das Verständnis der frz. Formen erfordert.

] in 5.8 = in gedeckter Stellung, vgl. 1.3.2

[in 5.8 = in freier Stellung, vgl. 1.3.3

ˈ in 5.3 bis 5.7 = palatalisierter Konsonant

* vor einer Form = hypothetisch, nicht belegt

LAUTLEHRE

1 Vokalismus I

In der normalen sprachlichen Verständigung gibt es drei Vorgänge, die für die Lautlehre wesentlich sind: die Erzeugung der Laute durch die Artikulationsbewegungen des Sprechers, ihre Übermittlung durch die Schallwellen und ihr Empfang durch das Ohr des Hörers. Dieser natürlichen Dreiteilung entsprechend kann jede Lautbeschreibung von artikulatorischen, akustischen oder auditiven Kriterien ausgehen. Wir wählen aus Gründen der Verständlichkeit und Einfachheit die artikulatorische Perspektive, definieren also Vokale und Konsonanten danach, wie der Sprecher sie bildet.

Vokale sind Laute, bei deren Bildung der aus der Lunge kommende Luftstrom (Ausatmungs-Luftstrom)

1. die im Kehlkopf befindlichen Stimmbänder in Schwingung versetzt (= stimmhafte Laute);
2. durch den Mundraum gelangt, ohne daß irgendein Teil der Zunge den Gaumen oder die Schneidezähne berührt (vgl. 1.1.2, Bemerkung 3) und
3. den Mundraum bei geöffneten Lippen verläßt.

Die Bedingungen 2 und 3 lassen sich auf den Röntgenaufnahmen beobachten.

Konsonanten sind Laute, bei deren Bildung mindestens eine dieser Bedingungen nicht erfüllt ist. Bei der Bildung des [d] beispielsweise schwingen zwar die Stimmbänder, doch berührt ein Teil der Zunge, hier die Zungenspitze, die

---

1 = lèvre inférieure (Unterlippe)
2 = lèvre supérieure (Oberlippe)
3 = profil de la langue (Zungenprofil), zwischen Zunge und Gaumen sowie Rachenwand

ist ein je nach Vokal verschieden großer Hohlraum. ▶
4 = palais dur, lt. palatum (Vordergaumen)
5 = voile du palais, lt. velum (Hintergaumen)
6 = luette (Zäpfchen)

Radiographies des voyelles

Nach STRAKA, G.: L'évolution phonétique du latin au français sous l'effet de l'énergie et de la faiblesse articulatoires, in: *Travaux de linguistique et de littérature* II/1 (1964), S. 91.

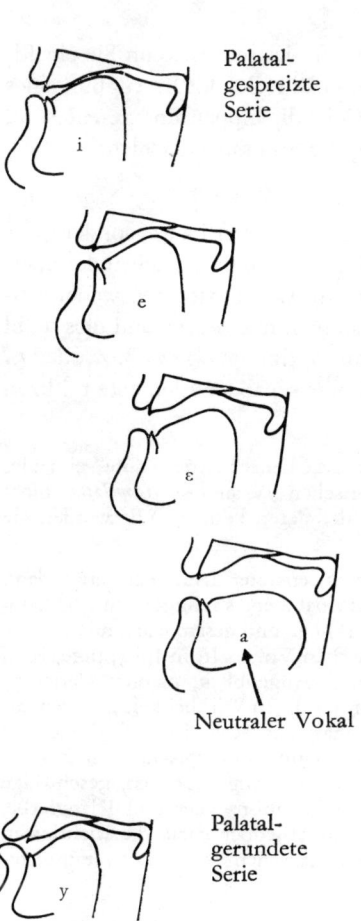

Palatal-
gespreizte
Serie

i

e

ε

a

Neutraler Vokal

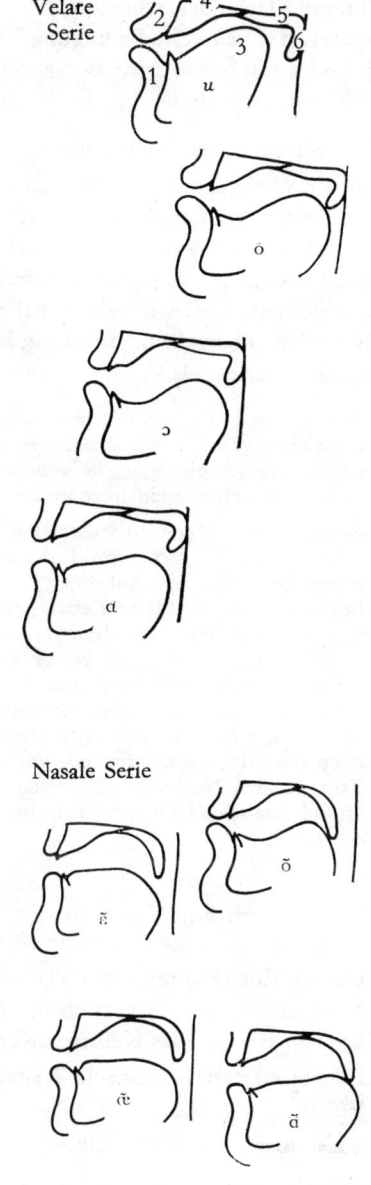

Velare
Serie

2 4 5
1 3 6
u

o

ɔ

ɑ

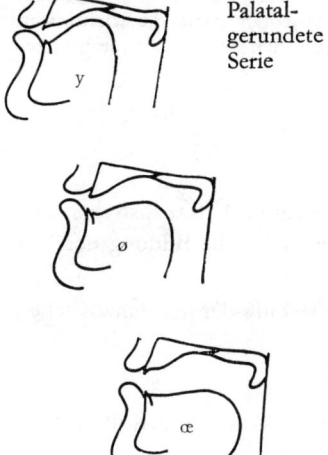

Palatal-
gerundete
Serie

y

ø

œ

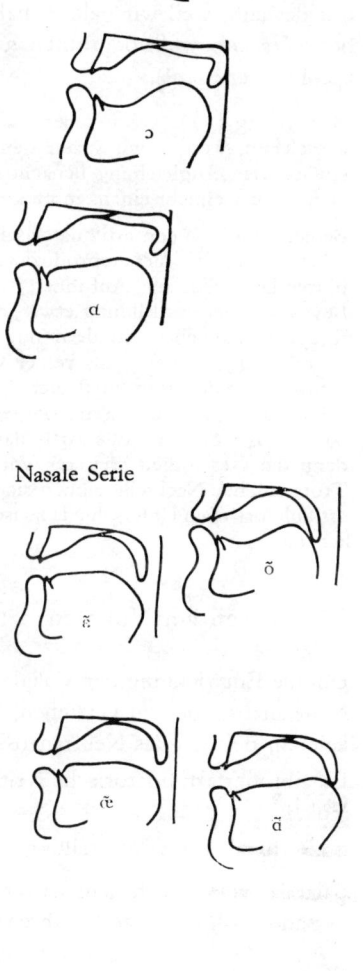

Nasale Serie

ɛ̃

õ

œ̃

ɑ̃

hintere Fläche der Schneidezähne. Sie bemerken dies selbst, wenn Sie ein [d] sprechen. Die zweite Bedingung ist also nicht erfüllt. Bei der Erzeugung eines [p] oder [m] ist die dritte Bedingung nicht erfüllt: die Lippen sind geschlossen. Weiterhin schwingen bei der Bildung des [p] die Stimmbänder nicht.

Zur Kritik dieser Definitionen:

In der Wirklichkeit des Sprechens gibt es keine separaten Laute, sondern nur ein Lautkontinuum. Die Laute gehen schon bei ihrer Bildung ineinander über, was sich durch Versuche beweisen läßt. Separate Laute existieren weder artikulatorisch noch akustisch, sondern wahrscheinlich nur *auditiv,* und dies wohl nur deshalb, weil wir gelernt haben, ein Lautkontinuum wie z. B. *ti* oder *tel* beim *Hören* bewußt oder unbewußt in eine Folge separater Elemente t–i bzw. t–e–l zu zerlegen[1]).

Bemerkung 1: Da sich in jedem Lautkontinuum die „benachbarten Laute" einander angleichen, werden wir später den sprachhistorischen Terminus *Assimilation* nicht einfach als „Angleichung benachbarter Laute" definieren können. Wir werden die Definition vielmehr einengen müssen.

Bemerkung 2: Wenn artikulatorisch gesehen keine separaten Laute existieren, dann bilden auch die hier reproduzierten Röntgenaufnahmen, strenggenommen, halbfiktive Darstellungen. Auf ihnen ist nicht die wirkliche und gesamte artikulatorische Bewegung bei der Bildung etwa „des" französischen Vokals [i] in [piːʒ] pige, [tiːʒ] tige wiedergegeben, sondern nur ein (statischer) Augenblick, nämlich derjenige Moment, in dem das [i] als reiner Vokal hörbar wird. (In Wirklichkeit gehören zur Artikulation des [i] in [piːʒ] auch die Übergangsphasen zwischen [p] und [i] und [ʒ].) – Es handelt sich bei diesen Röntgenaufnahmen also um „idealtypische" französische Vokale, für die die volle Artikulationsbewegung nicht angegeben ist, geschweige denn die Gesamtheit weiterer Variationen in Artikulationsdauer und Klangfarbe. Trotz solcher Nachteile eignen sich diese Aufnahmen jedoch dazu, die wichtigsten artikulatorischen Unterschiede zwischen „den" französischen Vokalen zu veranschaulichen.

1.1 Arten von Vokalen

Um die Entwicklung der Vokale vom Lateinischen zum Altfranzösischen und Neufranzösischen zu verstehen, betrachten wir zunächst die Bildung der Vokale am Beispiel des Neufranzösischen.

Es gibt vier artikulatorische Kriterien für die Einteilung der neufranzösischen Vokale:

oral – nasal (nach der Stellung des Gaumensegels),

palatal – velar (nach dem Kriterium, *welchem Teil des Gaumens* sich die Zunge nähert, ohne ihn zu berühren),

16

„geschlossen" – „offen" (nach dem Grad der Öffnung, d. h. dem *Abstand* zwischen dem erhobenen Teil der Zunge und dem Gaumen; er ist zumeist gekoppelt mit einer charakteristischen Größe des Kieferwinkels, der durch den Abstand zwischen Ober- und Unterkiefer bei der Öffnung des Mundes entsteht),

gespreizt – gerundet (nach der Stellung der Lippen).

1.1.1 oral – nasal

Die Röntgenaufnahmen lassen erkennen, daß bei der Bildung *oraler Vokale* das Gaumensegel, vor allem dessen hinterster Teil, das Zäpfchen (frz. la luette) sich völlig gegen die hintere Rachenwand preßt. Dadurch kann der aus der Lunge kommende Luftstrom nicht durch die Nasenhöhle entweichen, sondern nur durch den Mundraum (Mund = lt. os, oris, daher: *orale* Vokale).

Ü. (= Übungsfrage) Welche neufranzösischen Vokale sind oral?

Nasale Vokale entstehen, wenn sich das Gaumensegel, das prinzipiell beweglich ist, senkt. Nunmehr kann der aus der Lunge kommende Luftstrom sich aufspalten und gleichzeitig, durch die Stimmbänder in Schwingung versetzt, durch zwei Resonanzräume gelangen: die Nasenhöhle und die Mundhöhle. (Von der Artikulation her betrachtet, wäre daher der korrektere Name für diese Laute: nasal-orale Vokale.)

Ü. Welche neufranzösischen Vokale sind nasal?

Sind die in die Aufnahmen für die Nasalvokale eingetragenen phonetischen Zeichen im Vergleich zu den betreffenden oralen Vokalen völlig exakt?

1.1.2 palatal – velar

Wenn die Vorderzunge sich dem Vordergaumen (frz. palais dur, lt. palatum) nähert, entstehen palatale Vokale.

Ü. Welche neufranzösischen Vokale sind palatal?

Sind [y], [ø] und [œ] palatale oder velare Vokale im Neufranzösischen?

Wenn die Hinterzunge sich dem Hintergaumen (= Gaumensegel = frz. voile du palais = lt. velum) nähert, entstehen velare Vokale.

Ü. Welche neufranzösischen Vokale sind velar?

Bemerkung 1: Wenn die Vorderzunge sich dem Vordergaumen (palatum) noch mehr nähert als im Falle des [i], berührt sie ihn fast. Es kommt zu einer Reibung der Luft.

Falls in der Kehle die Stimmbänder weiterhin schwingen, entsteht so der stimmhafte palatale Reibelaut [j]. Schwingen die Stimmbänder nicht, so entsteht, allerdings mit geringfügiger Verlagerung der Artikulationsstelle nach hinten, der entsprechende stimmlose Laut [ç]. Sie können dies selbst merken, wenn Sie folgende Wörter langsam und bewußt sprechen: le tilleul [tijœl], le sillage [sija:ʒ] und dt. ich [iç]. Annähernd entsteht auch ein [ç] in der französischen Konversationsaussprache von Wörtern wie lui, ennui, wenn sie vor einer Sprechpause stehen. – Die Kenntnis der Bildung von [j] und [ç] ist Voraussetzung zum Verständnis der Palatalisierung (Kap. 5).

Bemerkung 2: Der palatale Reibelaut [j] ist ein Halbvokal (Halbkonsonant). Es gibt jedoch auch palatale Konsonanten, z. B. die lautliche Variante des k in qui [ki].

Bemerkung 3: Um einen stimmhaften Reibelaut, wie z. B. das [j], von den Vokalen zu unterscheiden, muß in der Definition der Vokale die zweite Bedingung folgendermaßen eingeengt werden: Der Luftstrom gelangt durch den Mundraum, ohne daß ein Teil der Zunge sich dem Gaumen (oder den Schneidezähnen) so stark nähert, daß eine Reibung entsteht.

1.1.3 „geschlossen" – „offen"

Mit „geschlossen" ist nicht gemeint, daß zwischen Zunge und Gaumen eine völlige Schließung stattfände. „Geschlossen" und „offen" sind vielmehr nur als *relative* Begriffe zu verstehen. Ist der Abstand zwischen Zunge (Vorderzunge, mittlere Zunge oder Hinterzunge) und Gaumen (palatum oder velum) kleiner, so spricht man von „geschlossenen" Vokalen. Ist er größer, so spricht man von „offenen" Vokalen. Auf den Röntgenaufnahmen läßt sich beobachten, daß der Abstand (die Öffnung) zwischen dem erhobenen Teil der Zunge und dem Gaumen von [i] über [e] (wie in blé) und [ɛ] (wie in sel) bis [a] immer größer wird, ebenso von [u] über [o], [ɔ] bis [ɑ] und von [y] (wie in mur) über [ø] (wie in bleu) bis [œ] (wie in seul).
Es gibt demnach verschiedene Öffnungsgrade, d. h. Grade der jeweils geringsten Entfernung zwischen Zunge und Gaumen und der dadurch entstehenden Öffnung. Ihnen entspricht meist auch eine Senkung bzw. Hebung des beweglichen Unterkiefers.
Bei [e] ist die Vorderzunge weniger vom Vordergaumen (palatum) entfernt als bei [ɛ]; daher hat [e] einen kleineren, [ɛ] einen bereits größeren Öffnungsgrad (siehe Röntgenaufnahme). *Im Vergleich zueinander* kann man daher das [e] (blé) als geschlossenes e, das [ɛ] (sel) als offenes e bezeichnen. Mögliche phonetische Umschriften sind:

für e (blé): [e], [ẹ], [é],
für ɛ (sel): [ɛ], [ę], [è].

In vielen sprachhistorischen Lehrbüchern finden Sie die Umschrift [ẹ] für den geschlosseneren Vokal, [ę] für den offeneren Vokal. Das Neufranzösische besitzt ebenso ein geschlosseneres [o] (wie in le côté), bei dessen Bildung der Abstand (die Öffnung) zwischen Hinterzunge und Hintergaumen kleiner ist, und ein offeneres [ɔ] (wie in coté „bewertet"), das bereits einen größeren Abstand zwischen Hinterzunge und velum aufweist. Mögliche phonetische Umschriften sind:

för o (côte): [o], [ọ], [ó],
för ɔ (coté): [ɔ], [ǫ], [ò].

Weiterhin existiert ein geschlossenes [ø] wie in bleu [blø] und ein offenes [œ] wie in seul [sœl].

Ü. Welche neufranzösischen Vokale haben nahezu identische Öffnungsgrade?

Bemerkung: Eine nicht artikulatorische, sondern akustische bzw. auditive Beschreibung der neufranzösischen Vokale nach ihren Schallmerkmalen würde das Kriterium des Öffnungsgrades durch die damit verwandten Kriterien der Verteilung der Schallintensität auf bestimmte Frequenzen bzw. der vom Hörer wahrgenommenen Klangfarbe ersetzen. Für den Hörer klingen z. B. die geschlosseneren Vokale [e] und [o] etwas „dünner", die offeneren Vokale [ɛ] und [ɔ] etwas „voller". Dies ist gemeint, wenn man von einem Unterschied in der *Qualität* (Klangfarbe) zwischen [e] und [ɛ] bzw. zwischen [o] und [ɔ] spricht[2]).

1.1.4 gespreizt – gerundet

Die velaren neufranzösischen Vokale werden mit gerundeten Lippen artikuliert, die palatalen neufranzösischen teils auch mit gerundeten Lippen (z. B. [y], [ø], [œ]), teils mit gespreizten Lippen (z. B. [i], [e], [ɛ]). Es gibt also zwei palatale Serien: die palatal-gespreizte (zu der meist auch [a] gezählt wird, obgleich es in bezug auf die Kriterien palatal-velar und gespreizt-gerundet neutral ist) und die palatal-gerundete. Zum Beispiel sind die Vokale [i] und [y], [ɛ] und [œ] sämtlich palatal, unterscheiden sich voneinander aber vor allem durch die Lippenstellung: [y] und [œ] sind gerundet, [i] und [ɛ] nicht.

1.2 Vokalphoneme

Phoneme sind nach traditioneller Auffassung Lautgebilde, die nicht selbst eine Bedeutung tragen, jedoch bedeutungsunterscheidend wirken. Jede Sprache hat nach dieser Auffassung ein spezifisches System von Phonemen[3]).

19

1.2.1 Die Vokalphoneme im Neufranzösischen

Das System der neufranzösischen Vokalphoneme läßt sich in zwei Dreiecks-modellen darstellen:

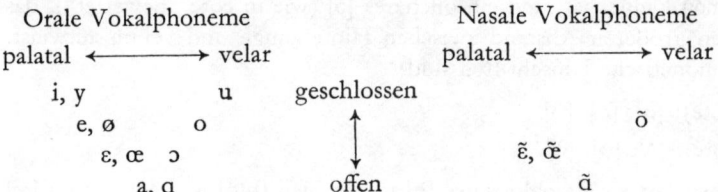

Orale Vokalphoneme   Nasale Vokalphoneme

palatal ←——————→ velar   palatal ←——————→ velar

    i, y   u   geschlossen

      e, ø   o   ↑   õ

        ε, œ ɔ   ↓   ɛ̃, œ̃

        a, ɑ   offen   ɑ̃

Daß es sich hierbei wirklich um Phoneme handelt, zeigt der Vergleich sonst gleichlautend gesprochener Wörter oder Wortgruppen:

/lavi/	la vie	gegenüber	/lavy/	la vue
/lepe/	l'épée	gegenüber	/lepɛ/	l'épais
/søla/	ceux-là	gegenüber	/sœla/	seul(e) a
/lapat/	la patte	gegenüber	/lapɑt/	la pâte
/lapom/	la paume	gegenüber	/lapɔm/	la pomme
/lpo/	le pot	gegenüber	/lpu/	le pou
/lpõ/	le pont	gegenüber	/lpɑ̃/	le pan
/lbrɛ̃/	le brin	gegenüber	/lbrœ̃/	le brun

(Bei der phonematischen Umschrift werden die betreffenden Wörter oder Wortgruppen in Schrägstriche gesetzt.)

Der Hörer (nicht der Leser) kann die Nicht-Identität dieser gehörten Wortgruppen und damit deren unterschiedliche Bedeutung nur dadurch erkennen, daß er ein unterschiedliches Element, nämlich ein anderes Phonem, in dem sonst gleichen lautlichen Kontext wahrnimmt. Das ist mit der bedeutungsunterscheidenden Funktion der Phoneme gemeint, und auf solche Weise, nämlich durch Gegenüberstellung sonst gleichlautender Kontexte, gelangt man auch methodisch zur Erkenntnis eines Phonemsystems, das dann nach Kriterien wie z. B. palatal-velar in einem Schema dargestellt werden kann[4]).

Es gibt im Neufranzösischen keine Wörter oder Wortgruppen, die sich nur dadurch voneinander unterscheiden, daß einmal ein langes geschlossenes o, einmal ein kurzes geschlossenes o in sonst gleicher Umgebung stünden. Es existieren also zwei quantitativ, d. h. in ihrer Länge unterschiedliche Laute [o:] wie in l'hôte und [o] wie in l'eau, le pot, jedoch nur ein Phonem /o/. Ebenso besitzt das Neufranzösische nur ein Phonem /e/, nur ein Phonem /i/ usw. Je nach lautlichem Kontext werden diese Phoneme als lange oder kurze Laute gesprochen. Ihre unterschiedliche Quantität wirkt niemals bedeutungsunterscheidend.

Zwei Ausnahmen lassen sich jedoch feststellen:

das offene ɛ, z. B.

/ɛl/   elle   /lmɛtr/   (pour) le mettre
/ɛːl/ aile   /lmɛːtr/ (pour) le maître

und bei einem Teil der französischen Sprecher das vordere a, z. B.

/lapat/   la patte
/lapaːt/ la pâte

Diese Sprecher haben die im normativen Standardfranzösisch aufrechterhaltene Opposition zwischen vorderem /a/ und hinterem, velarem /ɑ/ nicht gänzlich aufgegeben, sondern sie nur in eine Quantitäts-Opposition zwischen kurzem vorderen a und langem vorderen a verwandelt.

Diese reine Quantitätsopposition (Längenopposition), die im Neufranzösischen nur in wenigen Ausnahmefällen auftritt, war nun im klassischen Latein die Regel.

1.2.2 Die Vokalphoneme im klassischen Latein

Das System der klt. Vokalphoneme läßt sich in dem folgenden Dreiecksmodell darstellen:

/iː/, /i/   /uː/, /u/
/eː/, /e/   /oː/, /o/
/aː/, /a/

Es ist zwar möglich, daß diese Vokale je nach lautlichem Kontext geschlossener oder offener gesprochen wurden bzw. daß das a je nach lautlicher Umgebung mehr palatal oder mehr velar war. Aber für die Unterscheidung gesprochener Wörter oder Wortgruppen blieb dies unwesentlich. Daher genügt die Notierung mit den herkömmlichen Zeichen i, e, a, o, u. – In den meisten sprachhistorischen Lehrbüchern wird ein langer Vokal nicht durch einen Doppelpunkt und ein kurzer Vokal durch das Fehlen des Doppelpunktes symbolisiert. Vielmehr wird ein langer Vokal durch einen waagerechten Strich, ein kurzer durch einen halbkreisartigen Bogen dargestellt:

ī, ĭ   ū, ŭ
ē, ĕ   ō, ŏ
ā, ă

Beispiele[5]) für die reine Quantitätsopposition ,wie sie sich im Neufranzösischen nur in Ausnahmefällen, etwa /ɛl/ elle gegenüber /ɛːl/ aile, feststellen läßt:

pīlo	„mit einem Wurfspieß"	pĭlo	„mit einem Haar"
vēru(m)	„wahr"	vĕru	„Spieß"
(das m wurde nicht ausgesprochen)			
lēctus	„gelesen"	lĕctus	„Bett"
mālu(m)	„Apfel"	mălu(m)	„Übel"
pōpulus	„Pappel"	pŏpulus	„Volk"
sūs	„Schwein"	sŭs	„aufwärts, herauf"
			(Verbpräfix)

Bemerkung: Wenn wir das System der deutschen Vokalphoneme dagegenhalten und diese Beispiele etwa mit Miete/Mitte, Beet/Bett, Floß/floß vergleichen, so zeigt sich, daß sich im Lateinischen z. B. /ī/ und /ĭ/ allein durch die Quantität (lang – kurz) unterscheiden, im gesprochenen Deutsch dagegen das i in Miete lang *und* geschlossen, das i in Mitte kurz *und* offener ist. Das Deutsche unterscheidet nach Quantität und Qualität, kombiniert also die Unterschiede nach Länge und nach Öffnungsgrad, das Lateinische dagegen unterscheidet pĭlo und pīlo nur nach der Quantität (Länge).

1.2.3 Klassisch-lateinische Quantität und sprechlateinische Qualität

Zur Zeit Ciceros (und schon vor ihm) existierten zwei Sprachformen nebeneinander: das klassische Latein als Literatur- und Vortragssprache und das Sprechlatein (auch „Vulgärlatein" genannt) als alltägliche Konversationssprache, die in sich eine ähnliche Staffelung nach sozialen Schichten aufwies, wie z. B. das in der Konversation gesprochene heutige Deutsch oder Französisch.

Aus dem Sprechlatein, das mit der Ausbreitung des römischen Imperiums in vielen Regionen des Reichs zur allgemeinen Umgangssprache wurde, entwickelten sich die romanischen Sprachen. Dies erklärt sich vor allem durch die regionale Differenzierung des Sprechlateins, die wegen Einwirkung der vorrömischen Sprachen zwar schon in der Kaiserzeit (31 v. Chr. bis 476 n. Chr.) bestand, jedoch erst durch den Zusammenbruch und die Zerstückelung des Imperiums und damit die Unterbrechung der sprachlichen Kommunikation zwischen den einzelnen Regionen entscheidend zunahm[6]).

Das ältere Sprechlatein zur Zeit Ciceros unterschied möglicherweise ebenso wie das klassische Latein, das beim Vortrag und in der literarischen Rezitation gesprochen wurde, die Vokalphoneme nach Quantitäten. Setzen wir dies voraus, so können wir, was die Quantitätsunterschiede anbelangt, für die ältere sprechlateinische Stufe, von der wir ein französisches Wort ableiten müssen, auch das jeweilige klt. Wort einsetzen. (Dies bleibt freilich eine *Hypothese,* da die erhaltenen schriftlichen Dokumente, die über das *ältere* Sprechlatein Auskunft geben können, in bezug auf die *Quantitätenunterscheidung* keine genügende Beweiskraft besitzen.)

Vermutlich vollzog sich erst im kaiserzeitlichen Sprechlatein, das im folgenden durch die Abkürzung slt. symbolisiert wird, eine allmähliche, je nach Region früher oder später einsetzende Wandlung von der Unterscheidung nach Quantitäten (Längen) zur Unterscheidung nach Qualitäten (Klangfarben, infolge unterschiedlicher Öffnungsgrade), z. B.

klt. lēctus „gelesen"   – lĕctus „Bett"
slt. lẹctus [ẹ = e]   – lẹctus [ẹ = ɛ]

Wahrscheinlich haben sowohl sprachimmanente als auch letztlich sprachexterne Faktoren diese Wandlung vom Quantitätensystem zum Qualitätensystem bewirkt. Welchen Faktoren dabei entscheidende Bedeutung zukommt, ist noch immer umstritten[7].

Im Sprechlatein Nord- und Mittelitaliens, Galliens und Hispaniens hatte die Systemwandlung folgendes Ergebnis:

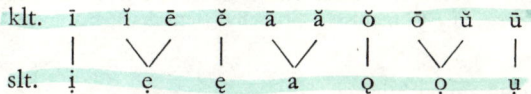

klt. ī ĭ ē ĕ ā ă ŏ ō ŭ ū
slt. i̧   ẹ   ę   a   ǫ   ọ   u̧

Daß die lautlich benachbarten Vokalphoneme /ĭ/ und /ē/ in geschlossenen /ẹ/, /ŭ/ und /ō/ im geschlossenen /ọ/ zusammenfielen, beweisen z. B. die folgenden altfranzösischen Wortpaare, die jeweils einen gleichen Diphthong aufweisen, der nur aus einem identischen slt. Vokal entstanden sein kann:

afrz. veie   < slt.* vẹa < klt. vĭa (nfrz. voie)
afrz. mei   < slt. mẹ́ < klt. mē (nfrz. moi)
afrz. teue < toue < slt.* tǫa < klt. tŭa
afrz. seul < soul < slt. sǫlo < klt. sōlu(m)

Es gibt auch andere Formen im Altfranzösischen. In diesem Zusammenhang ist ein Hinweis notwendig: Wenn hier vom Altfranzösischen gesprochen wird, so ist damit keine einheitliche Sprache gemeint, denn eine solche Sprache hat nie existiert. Vielmehr ist Altfranzösisch eine Sammelbezeichnung für eine Vielzahl von Sprachzuständen, die je nach Entwicklungsstufe und geographischer Verteilung voneinander abweichen. Geographisch gesehen handelt es sich um die Dialekte Nordfrankreichs, z. B. das Franzische (der Ile de France) und das Champagnische sowie das in England von der Oberschicht gesprochene Anglonormannisch. Chronologisch betrachtet handelt es sich um den Zeitraum, der sich in der traditionellen Einteilung vom 9. bis zum 13. Jahrhundert einschließlich erstreckt[8].

1.3 Entwicklung der Vokale

Die Vokale haben sich nun vom Lateinischen zum Altfranzösischen verschieden entwickelt, je nachdem, ob sie unbetont oder nebentonig oder betont (= haupttonig) waren und je nachdem, in welcher lautlichen Umgebung sie standen. Im folgenden wird jede Silbe mit x symbolisiert, und entsprechend die Silbe mit unbetontem Vokal durch bloßes x, die Silbe mit nebentonigem Vokal durch x̀, die Silbe mit betontem (= haupttonigem) Vokal durch x́.

Bei den *unbetonten Vokalen* ist zu unterscheiden zwischen
a) den (unbetonten) Endsilbenvokalen, z. B. u in mălus (x́x), a in pŏrta (x́x), e in căntāre (x̀x́x); sie werden im folgenden zuerst behandelt;
b) den unbetonten Vokalen der zweitletzten Silbe in Wörtern wie tăbŭla (x́xx), die den Hauptton auf der drittletzten Silbe trugen; s. S. 51–53;
c) den unbetonten Vokalen vor haupttoniger Silbe, z. B. i in vērĭtātem (x̀xx́x), s. S. 55 f.; ebenso i in ĭllāc (xx́) > frz. là;
d) den in satzphonetischem Zusammenhang unbetonten Vokalen, z. B. e von me in slt. *me potétis; s. S. 52.

Freilich bestehen auch bei den unbetonten Vokalen noch Unterschiede in der Atemdruckverteilung. Siehe Lausberg, H.: Romanische Sprachwissenschaft, Bd. I, §§ 118 bis 121.

Bei den *nebentonigen Vokalen* sind am wichtigsten:
a) bei vielen dreisilbigen Wörtern bzw. Verbformen: der nebentonige Vokal der ersten Silbe, unmittelbar vor der haupttonigen Silbe, z. B. o in nōdāre ‚knüpfen‘ (x̀x́x), a in căntāre ‚singen‘ (x̀x́x); s. S. 29 unten;
b) bei vielen viersilbigen Wörtern bzw. Verbformen: der nebentonige Vokal der ersten Silbe in Wörtern wie vērĭtātem (x̀xx́x), sĭmŭlāre (x̀xx́x); s. S. 55 f.;
c) bei Verbformen wie vălet und hăbet die nebentonige, nicht haupttonige Aussprache des a (x̀x) in Wortgruppen wie z. B. vălet mŭltum ‚er/sie/es gilt viel, ist viel wert‘ (x̀xx́x), hăbet ŏccŭpātum ‚er hat ... als besetztes‘ (x̀xxx́x).

Der Betonungsschwerpunkt liegt hier auf den folgenden Angaben. Daraus erklärt sich die nebentonige Aussprache und damit die Erhaltung des a (vgl. afrz. valt > vaut, afrz. at, ad > a).

Die lateinischen *betonten* (= *haupttonigen*) *Vokale* liegen
a) entweder in der letzten bzw. einzigen Silbe, z. B. bei ĭllāc ‚dort‘ (xx́) und trēs ‚drei‘ (x́); s. S. 51;
b) oder in der vorletzten Silbe, z. B. bei tēla ‚Gewebe‘ (x́x), căntāre (x̀x́x), plōras ‚du jammerst, weinst‘ (x́x), plōrātis (x̀x́x); s. zu den letzten beiden Formen S. 104;
c) oder in der drittletzten Silbe, z. B. bei pĕrdĕre (x́xx) und slt. comprendere (xx́xx); s. S. 52f. unter 4.3.2.

Neben ihrer Position im Wort bzw. in einer Wortgruppe ist bei den betonten Vokalen ihr Vorkommen in gedeckter oder freier Stellung besonders wichtig. Siehe die folgenden Abschnitte 1.3.2 und 1.3.3.

1.3.1 Endsilbenvokale

Die unbetonten Vokale, die nur mit geringem Atemdruck gesprochen wurden, schwanden im Laufe der Entwicklung vom Lateinischen zum Altfranzösischen (zwischen dem 3. und dem 8. Jahrhundert). Eine Ausnahme bildet nur der unbetonte Vokal [a], der in abgeschwächter Lautung als *gesprochenes* „e muet" erhalten blieb und in altfranzösischer Zeit mangels anderer Buchstaben als e geschrieben wurde. Freilich ist das [ə] kein palataler Vokal wie das [e] oder [ɛ], sondern ebenso wie das [a] ein neutraler Vokal, der zwischen Mittelzunge und Mittelgaumen gebildet wird. Die Abschwächung [a] > [ə] besteht artikulatorisch einfach in der Verminderung des Öffnungsgrades. – Weiterhin findet man [ə] als sog. Stütz-e nach einer Konsonantenhäufung (Bspe. s. bes. S. 53 f.). Im Sprechlatein der früheren Kaiserzeit (1. und 2. Jahrhundert) wurden diese unbetonten Vokale noch gesprochen, doch tendierten bereits [ĭ] zu [ẹ] und zumeist auch [ŭ] zu [ọ], z. B. făcĭs > facẹs, fĕrrŭ(m) > fẹrrọ. Während des 3. und 4. Jahrhunderts begann ihr allmählicher Schwund in Nordgallien. Viele Fehler in der Orthographie der Schreiber während der folgenden Merowingerzeit zeigen, daß eine Tendenz bestand, viele unbetonte Endsilbenvokale[8a] kaum noch (wahrscheinlich nur mit der Lautung eines [ə]) auszusprechen und daß sich die Schreiber daher auch nicht mehr auf ihr Gehör verlassen konnten.

Bei den unbetonten Vokalen betrachten wir zunächst nur die Endsilbenvokale.

Beispiele:

klt.		afrz.	
mălus		mals	
mălī		mal	
mălōs		mals	
măla		male	
mălās		males	

Übung

Decken Sie beim Einüben die zweite und die vierte Spalte zu.

bŏnus	bons[9]	bŏna	bone
bŏnu(m)	bon	bŏnās	bones
tăntu(m)	tant	părte(m)	part
tăntī	tant	părtīre	partir
tăntōs	tants tanz	părtēs	parts parz
tănta	tante	bărba(m)	barbe
tăntās	tantes	mīsī	mis
plănta	plante	vīvās	vives
tăntŭ(m) mălŭ(m)	tant mal	bŏnă(m) părtĕ(m)	bone part

1.3.2 Betonte Vokale in gedeckter Stellung

Die betonten Vokale entwickelten sich je nach ihrer lautlichen Umgebung verschieden. Wenn einem Vokal zwei oder mehr Konsonanten folgen, so steht er in gedeckter Stellung. Die Silbe, die den Vokal enthält, endet in diesem Fall mit einem Konsonanten, und es ist dieser Konsonant, der den Vokal „deckt", so daß der Vokal nicht selbst den Abschluß (= Auslaut) der Silbe bildet. Beispiel: pár–tem. (Dagegen steht der betonte Vokal „frei" in pa–rá–re).

Ausnahmen bilden

1. einsilbige Wörter (siehe 4.1);

2. Wörter, in denen dem betonten Vokal zuerst ein Verschlußlaut, darauf ein r oder l folgt, z. B. pátre(m). Die Laute r und l stehen in ihrem (akustisch meßbaren) Schallfüllegrad bereits zwischen den Konsonanten und den Vokalen, daher besteht pátre(m) aus den Silben pá– und –tre(m). Der betonte Vokal steht hier nicht in gedeckter, sondern in freier Stellung[10]).

Die betonten Vokale in gedeckter Stellung bleiben im allgemeinen auf der sprechlateinischen Stufe des 1. und 2. Jahrhunderts stehen. Weitere Wandlungen finden sich nur im velaren Bereich:

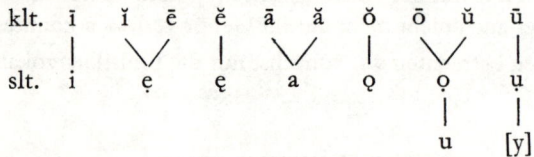

(Das [u] wird in afrz. Texten mit dem Buchstaben u, später auch mit den Buchstaben ou geschrieben, das [y] wie dt. ü in „über" wird weiterhin mit dem Buchstaben u bezeichnet.)

Beispiele:

klt. mīlle	> afrz. mil,	klt. vĭrga	> afrz. verge
klt. vēndit	> afrz. vent,	klt. pắrte(m)	> afrz. part
klt. pŏrta	> afrz. porte,	klt. ŭrsus	> afrz. ors, urs (später ours)
klt. fūste(m)	> fust > afrz. [fyst] (nfrz. fût)		

Übung

Decken Sie beim Einüben die zweite und vierte Spalte zu.

vīlla	ville	cōrte(m), cŭrte(m)	cort > curt
vĭr(i)de(m)	verd > vert		(> nfrz. cour)
fĕrru(m)	fer	ŭrsos	ors > urs
pắssu(m)	pas		(nfrz. ours)
mŏrte(m)	mort	cŭrsu(m)	cors > curs
			(nfrz. cours)

1.3.3 Betonte Vokale in freier Stellung

Ein betonter Vokal steht in freier Stellung, wenn ihm in der gleichen Silbe kein Konsonant mehr folgt, z. B. nĭ–du(m), mă–re, mĕ–a, sŭ–a. Auch die Gruppe Verschlußlaut plus [r] oder [l] gehört zur folgenden Silbe, z. B. pă–tre(m), pĕ–tra (vgl. 1.3.2).

Übung

In welcher Stellung steht der betonte Vokal in

klt.		
prātu(m)	„Wiese"	frei
fēsta	„die Feiern"	gedeckt
părte(m)	„Teil"	gedeckt
pătre(m)	„Vater"	frei
lăbra	„die Lippen"	frei
bărba	„Bart"	gedeckt
cărrus	„Wagen f. Lasten"	gedeckt
cārus	„teuer, lieb"	frei

Im klassischen Latein ist der betonte Vokal in freier Stellung entweder lang (z. B. cā–rus, tē–la) oder kurz (z. B. mŏ–la, pĕ–dem).

Im Sprechlatein der Spätantike wird *auch* der kurze betonte Vokal gedehnt und dadurch lang, z. B. mŏla > [mǫːla], pĕde > [pęːde][11].

Infolge dieser Dehnung sind bzw. werden im Sprechlatein *alle* betonten Vokale in freier Stellung lang.

Betrachten wir nun das Altfranzösische, so stellen wir fest, daß aus slt. [pęːde] afrz. pie(d) geworden ist. Aus dem Monophthong [ęː] ist ein Diphthong [ię] entstanden, d. h. eine Kombination zweier Vokale in einer Silbe. Man nennt diesen Vorgang Diphthongierung. Die Gründe, die hierzu führten, sind ebenso umstritten wie die Gründe für die einstige Wandlung vom Quantitäten- zum Qualitätensystem; sie sind entweder letztlich sprachextern (Einfluß der fränkischen Eroberung Nordgalliens) oder rein sprachintern (Strukturwandlungen im Phonemsystem, deren Kompliziertheit eine kurze Referierung nicht zuläßt)[12]. Die betonten Vokale in freier Stellung verwandeln sich also von klt. Quantitäten (ē, ĕ) zu slt. Qualitäten (ę, ȩ), die gelängt werden (ęː, ȩː) und später diphthongieren (ei, ię). – Lediglich die extrem geschlossenen Vokale [i] < klt. [ī] und [u] < klt. [ū] bilden eine Ausnahme: sie blieben Monophthonge. Vielleicht wurde der neutrale Vokal [á] zunächst auch diphthongiert, und zwar zu [ae] > [ai], falls Wörter wie main < mănu als Relikte dafür angesehen werden dürfen; wegen des folgenden Nasalkonsonanten wäre diese Lautung zunächst erhalten geblieben und erst später zu einem Monophthong vereinfacht worden. Doch ist diese Auffassung umstritten. – Zuerst diphthongierten die offenen Vokale (ę:, ǫ:), dann die geschlossenen (ẹ:, ọ:), darauf evtl. [a:].

Die Entwicklung der betonten Vokale in freier Stellung bis zum Alt- und Neufranzösischen ist ein kontinuierlicher und erstaunlich regelmäßiger Prozeß, aus dem im folgenden nur die wichtigsten Stufen dargestellt werden:

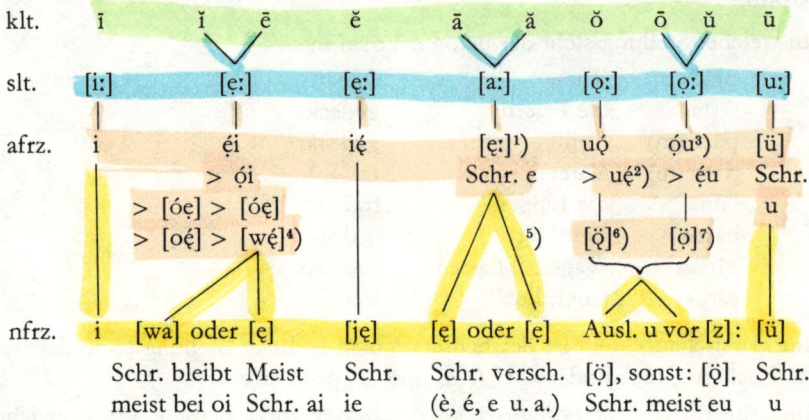

Schr. = Schreibung, versch. = verschieden, Ausl. u. = Auslautend und. Vergleich der phonetischen Umschriften für das Neufranzösische: [ę] = [ɛ], [ję] = [jɛ], [ẹ] = [e], [ö̧] = [œ], [ọ̈] = [ø]. – [ṷ] = [w], [ü] = [y].

1. So als wahrscheinlich bei Rheinfelder (Afrz. Grammatik I, S. 30) dargestellt. Evt. auch [æ], wie in engl. man [mæn]. – Aber bei k, g oder i vor [á:] wird [á:] zu [ię], z. B. cárum > chier, capra > chievre. Diese Ausnahmeregel gilt nicht für das Alexius- und Rolandslied, z. B. cher R 1924, s. Kap. 3. – Zu Parallelfällen bei k vor [ę:] s. S. 64f.

2. anglonormannisch auch oé.

3. normannisch und anglonormannisch u.

4. [w] ist ein bilabialer Halbkonsant, der wie das englische double u in engl. well, war gebildet wird. – Die Lautung [wę́] öffnete sich seit Ende 13./Anfang 14. Jahrhundert meist zu [wá], wurde aber in einigen Wörtern und Verbindungen zu [ę́] vereinfacht, z. B. in monnoie, paroître, –ois, –oit, –oient. Seit Voltaire (18. Jh.) gab man den hierin gesprochenen Laut [ę́] durch die Schreibung ai wieder, z. B. monnaie, il fermait.

5. Im Auslaut frühe Schließung von ę zu ẹ (cantāre > [tʃãntę:r] chanter > [ʃãntę] > nfrz. [ʃãtę]).

6. Ebenso schließt sich im Auslaut sowie vor stimmhaftem s (= [z]) das [ọ̈] zu [ọ̈], Beispiel: pŏtest > slt. [pǫtet] > afrz. puǫ́t > puę́t, [uę́] > [ö̧] > [ọ̈], nfrz. [pö̧] peut.

7. In den gleichen Fällen, d. h. im Auslaut sowie vor stimmhaftem s, bleibt das aus afrz. ọu > ẹu stammende [ọ̈] erhalten, Beispiel: nĕpōte(m) > slt. [nẹpọːte] > afrz. nevọut > neveu > [nǝvọ̈]. Aus dem Zusammenfall der lautlichen Ergebnisse von afrz. ọu > ẹu und afrz. uọ̣ > uẹ̣ erklärt sich die häufig anzutreffende vereinheitlichte nfrz. Schreibung eu.

Beispiele (klt. > slt. > afrz. > nfrz.):

nī–du(m)	pĭ–ra	tē–la	fĕ–ru(m)	clā–ru(m)
niːdo	pẹːra	tẹːla	fẹːro	claːro
nid	peire	teile	fier	cler
[ni]	[pwaːr]	[twal]	[fjɛːr]	[klɛːr]

pă–tre(m)	pŏ–tet	sō–lu(m)	gŭ–la	dū–rat
paːtre	pọːtet	sọːlo	gọːla	duːrat
pe(d)re	puot, puet	soul, seul	goule, geule	dure [dyrǝ]
[pɛːr]	[pø]	[sœl]	[gœl]	[dyːr]

Die nfrz. Ergebnisse sind hier in phonetischer Transkription angegeben. Sie werden geschrieben: nid, poire, toile, fier, clair, père, peut, seul, gueule, dure. Hier zeigt sich, wie konservativ die nfrz. Orthographie ist: sie widerspiegelt zumeist die Aussprache' im Altfranzösischen (9. bis 13. Jahrhundert) oder Mittelfranzösischen (14. und 15. Jahrhundert).

Übung

Geben Sie die wichtigsten Stufen in der lautlichen Entwicklung der folgenden klt. Wörter an (beachten Sie bitte: nur klt. ĭ > ẹ, nur klt. ŭ > ọ):

fīlu(m) „Faden", vĭa „Weg", pĭlu(m) „Haar", pĭsu(m) „Erbse", vēra „wahr, N. Pl.", vēlum „Segel", mē „mich", pĕ–tra „Stein", bĕne „gut, adv.", cantāre „singen" (k > tsch > sch), măre „Meer", mā–tre(m) „Mutter", că–pra „Ziege", mŏla „Mühlstein", nŏva „neu, fem.", mŏrit „er, sie stirbt", dolōre(m) „Schmerz", flōre(m) „Blüte, Blume", (il)lōrum „jener" (Gen. Pl.) > „ihr", ūna(m) „eine", lūna(m) „Mond", dūru(m) „hart".

Der Absatz 1.3.3 gilt nur für die vollbetonten Vokale (Haupttonvokale). Die weder stark betonten noch unbetonten Vokale heißen Nebentonvokale. Sie bleiben zumeist in ihrer sprechlateinischen Lautung erhalten (vgl. 1.2.3), nur im velaren Bereich wandelt sich [u] > [y] und weitaus später auch [o] > [u].

Beispiele:

fīláre „spinnen" > filer,
dūráre „dauern" > durer [dyrɛːr] > [dyre]
nōdáre „knüpfen,, > no(d)er, später nouer.

1.3.4 Reduktion von Diphthongen

Die alten lateinischen Diphthonge [ae], [oe], [au] werden zu den Monophthongen [ẹ], [ẹ] und [o] reduziert. Bei [ae] und [oe] geschieht dies bereits im Laufe des 1. Jahrhunderts v. Chr. und in der beginnenden Kaiserzeit[13]). Ihre weitere Entwicklung entspricht derjenigen der alten lateinischen Monophthonge: in freier Stellung werden sie gelängt und schließlich diphthongiert:

ae > ẹː > ie
caelum (ae ist als Diphthong zu sprechen) > [kẹːlo] > ciel,
quaerit „er sucht, wünscht" > [kẹːret] > quiert,
vgl. fĕrum > [fẹːro] > fier.

oe > ẹː > ei
poena > [pẹːna] > peine,
vgl. tēla > [tẹːla] > teile, toile.

Ausnahmen:

praeda > [prẹːda] > preie, proie,
saeta > [sẹːta] > seie, soie.

Die Monophthongierung von [au] zu [ǫ], das artikulatorisch zwischen [a] und [u] auf der velaren Seite liegt, erfolgt dagegen meist erst im 6. bis 8. Jahrhundert. Dieses [ǫ] wird in Nordgallien nicht diphthongiert. Es bleibt auch im Neufranzösischen [ǫ], außer vor [s], wo es sich zu [ọ] geschlossen hat.

Beispiele:

aurum „Gold" > ǫr, clausum „geschlossen" > clọs, *ausare „wagen" > ọser.

Alle Diphthonge bilden, verglichen mit Monophthongen, einen lautlichen und artikulatorischen Mehraufwand. Auf Grund der Tendenz zur Ökonomie, zur Ersparnis (la loi du moindre effort) werden sie früher oder später zu Monophthongen vereinfacht. In der Entwicklung vom Lateinischen zum Neufranzösischen läßt sich diese Tendenz gleich zweimal belegen, im Falle des oe z. B.:

klt. poena mit dem Diphthong [oe] wird
slt. [pẹːna], der gelängte Vokal wird vorübergehend diphthongiert[14]).
afrz. peine [pẹ͂iǝ]
nfrz. [pɛːn] (Monophthong).

Auch afrz. fier, teile (im 12. und 13. Jahrhundert toile) sind gesprochene Diphthonge [iẹ], [ẹi] bzw. [oi]. Sie konnten sich nicht in der gesprochenen Sprache halten, sondern haben sich in der Entwicklung zum Neufranzösischen zur Gruppe Halbkonsonant plus Monophthong gewandelt: [fjɛr], [twal]. Im

Neufranzösischen gibt es überhaupt keine Diphthonge mehr; die konservative Orthographie des Neufranzösischen widerspiegelt hier einen früheren, altfranzösischen Sprachzustand.

1.3.5 Nasalierung

Im Altfranzösischen werden sämtliche Vokale vor m und n nasaliert, also dem folgenden Nasallaut partiell angeglichen. (Eine Ausnahme bildet vielleicht nur [u] < [ọ].) Dabei entstehen Laute, die es im Neufranzösischen nicht mehr gibt, z. B. [ĩ]. Sie werden ebenso gebildet wie z. B. der dem [o] entsprechende Nasalvokal [õ] in blond oder der dem [ɑ] entsprechende Nasalvokal [ɑ̃] in blanc. Versuchen Sie, in gleicher Weise zu [i], [e] und [y] Nasalvokale zu bilden.

Die folgenden Nasalkonsonanten werden im Altfranzösischen ebenfalls noch ausgesprochen. Beispiele: bŏnus > afrz. bons [bõns, buns], contra > contre [kõntrə, kuntrə], cantare > chanter [tʃɑ̃ntẹːr].

Übung (rechte Seitenhälfte verdecken)

tantu(m)	tant [tɑ̃nt]
talentu(m)	talent [talẽnt > talɑ̃nt] „Lust, Wunsch"
mandare	mander [mɑ̃ndẹr]
unam	une [ỹnə]

Die Nasalierung wirkt in der Regel retardierend auf die lautliche Entwicklung ein. Sie bremst, sie hemmt die Entwicklung und führt daher z. T. zu anderen Ergebnissen, als sie bei den rein oralen Vokalen anzutreffen sind. Beispiele: pēna > peine, plēna > pleine, nur dialektal Weiterentwicklung zu oi oder [ẹ]; mănu(m) > main (gegenüber măre > mer); cane(m) > chien, wird nicht monophthongiert (gegenüber cāru(m) > chier > cher, ca–pra > chievre > chèvre); pōma ‚Obst, N. Pl.' > ‚Frucht, fem. Sg.' > pome [põmə] ‚Apfel', nfrz. pomme (nicht diphthongiert, gegenüber diphthongiertem sōlu(m) > soul > seul, hōra > oure, heure); später auch z. B. bei coin, soin [–wẽ] i. U. zu quoi, soie [–wa], die Nasalierung blockierte hier die Weiterentwicklung von [wɛ] zu [wa].

1.3.6 Kurzgefaßte diachronisch-strukturelle Darstellung der französischen Nasalvokale[15])

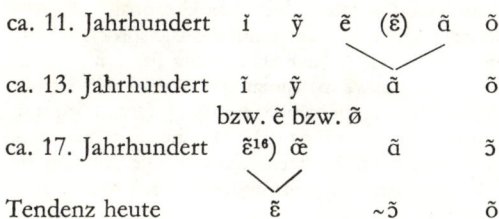

ca. 11. Jahrhundert	ĩ	ỹ	ẽ	(ɛ̃)	ɑ̃	õ
ca. 13. Jahrhundert	ĩ	ỹ		ɑ̃		õ
		bzw. ẽ bzw. õ				
ca. 17. Jahrhundert	ɛ̃[16])	œ̃		ɑ̃		ɔ̃
Tendenz heute		ɛ̃		~ɔ̃		õ

31

Im Altfranzösischen des 11. Jahrhunderts waren die Nasalvokale nur kombinatorische Varianten (durch die lautliche Umgebung, hier: das folgende [m] oder [n], bedingte Varianten) der betreffenden Oralvokale. Sie konnten daher mit diesen assonieren, d. h. einen Gleichklang der Vokale bilden. Zum Beispiel assoniert in Al Str. 20 [ĩn] mit [i] (< [ĩ]): poverins mit guarir, tramist, Alexis, in R Str. 82 [ỹn] mit [y] (< [ũ]): brun [brỹn] und uns [ỹns] mit plus [plys], vestuz [vɛstyts], in R Str. 126 [(i)ɛ̃n] mit [(i)ɛ] (< [á]), z. B. ben mit capler < cap(u)láre, cher < cáru(m).

Dagegen assonieren im Alexiuslied und in denjenigen Laissen des Rolandsliedes, die den älteren Sprachzustand widerspiegeln, niemals geschriebenes en und an. Es gibt jedoch im Rolandslied auch Laissen, in denen en und an assonieren: sie könnten entstehungsgeschichtlich jüngeren Datums sein, da sie den späteren Zusammenfall beider Nasalvokale voraussetzen (etwa Mitte bis Ende des 12. Jahrhunderts, aber nicht in allen altfranzösischen Dialekten).

Im ausgehenden 12. Jahrhundert haben sich in mehreren Dialekten [ĩ] und [ỹ] um eine Stufe geöffnet: [ĩ] > [ɛ̃], [ỹ] > [œ̃]. Nunmehr mußten geschriebene Assonanzen wie in–i und un–u in den Chansons de geste den damaligen Lesern als ihrer Sprache nicht gemäß und damit falsch erscheinen. Dies trug dazu bei, daß das Assonanzprinzip als Ganzes diskreditiert wurde und in der Metrik der *Vollreim* an die Stelle des Assonanzprinzips trat.

Im 12. und 13. Jahrhundert verstummte der Nasalkonsonant, wenn die Silbe mit ihm (oder mit einem auf ihn folgenden Konsonanten) aufhörte:

vin ‚Wein‘ [vĩn] > [vĩ] oder [vɛ̃]
bon [bõn] > [bõ]
lan–de [lãn–də] > [lã–də] (> Mitte 17. Jahrhundert [lãd])
son [sõn] > [sõ].

Erst jetzt wurden die Nasalvokale zu Phonemen, d. h. bedeutungsunterscheidenden Lauten, vgl. z. B. /vĩ/ vin ‚Wein‘, /vi/ vi ‚ich erblickte‘, und ebenso später z. B. /bã/ banc, /ba/ bas, /õd/ onde, /ɔd/ ode. – Der Nasalkonsonant wurde jedoch weiterhin *geschrieben*; die Schreibung mit n oder m diente nunmehr als rein graphisches Signal der Vokalnasalierung.
War der Nasalkonsonant aber silbenanlautend (Beispiel: Wörter mit der Endsilbe –ne), dann wurden sowohl der Nasalvokal *als auch* der Nasalkonsonant im Altfranzösischen und noch im 15., 16. oder sogar 17. Jahrhundert ausgesprochen. Die feminine Adjektivform bone lautete also [bõnə]. In der Schreibung fügte man z. T. schon in altfranzösischer Zeit noch ein n (bzw. m) hinzu, als *Zeichen* der Vokalnasalierung (vgl. oben). Beispiele: bonne [bõnə], personne [pɛrsõnə], femme [fãmə], unne [ỹnə]. Diese (damals noch sinnvollen, funktionalen) Schreibungen mit –nn– oder –mm– blieben bei vielen neufranzösischen Wörtern erhalten. Die Aussprache aber änderte sich zwischen dem 15. und dem 17. Jahrhundert. Der Vokal wurde entnasaliert:

bonne [bɔ̃nə] > [bɔnə] (> Mitte 17. Jahrhundert [bɔn]),
femme [fãmə] > [famə],
grammaire [grãmɛːr] > [gramɛːr].

So entstand das phonologische System der Nasalvokale im 17. Jahrhundert, das noch im gegenwärtigen Jahrhundert Norm ist. Da heute das [ã] jedoch zu [ɔ̃] tendiert (z. B. in blanc, temps, lent), weicht das [ɔ̃] zu [õ] aus (z. B. in blond, ton, long). Der o-Nasal wird immer häufiger geschlossen ausgesprochen, weil sonst Mißverständnisse entstünden. Die Opposition /ã/–/ɔ̃/ bleibt also durch eine Tendenz zur Umstrukturierung in /ɔ̃/–/õ/ als Opposition bewahrt. Dagegen ist die Opposition /ɛ̃/–/œ̃/ (z. B. brin–brun) im Schwinden begriffen, weil sie nur wenige Wortpaare zu unterscheiden gestattet. Übrig bleibt in der Umgangssprache allein das /ɛ̃/.

Die stufenweise geschehene Öffnung der Nasalvokale [ĩ], [ỹ] und [ẽ] im Laufe der französischen Sprachgeschichte erklärt sich aus der loi du moindre effort: Geschlossene Vokale werden mit hoher Zungenstellung erzeugt, was die (zur Bildung von Nasalvokalen notwendige) Senkung des Gaumensegels erschwert. Je offener die Nasalvokale also werden, desto leichter lassen sie sich artikulieren.

1.3.7 Vokalisierung des l zu u

Das velarisierte [ł], das bei Rheinfelder und Lausberg durch [L] bezeichnet ist, wird an zwei Stellen zugleich artikuliert: die Zungenspitze berührt die Alveolen oder die Schneidezähne (wie bei [l]) und zugleich hebt sich die Hinterzunge gegen den Hintergaumen, das velum, ohne es jedoch zu berühren (wie bei [u]).

Im Lateinischen wurde jedes l vor Konsonant als velarisiertes [ł] gesprochen[17]), ebenso im späten Sprechlatein Nordgalliens, außer nach den extrem palatalen Vokalen [i] und [y].

Da für den Hörer das velarisierte [ł] ähnlich klang wie das velare [u], wurde das frühere [ł] immer häufiger als [u] gesprochen. Wie bei jedem Lautwandel existierten beide Lautungen zweifellos während eines langen Zeitraums nebeneinander, bis die jüngere Lautung schließlich zur alleinigen Norm wurde. – Dieser Wandel vollzog sich zwischen dem 9. und dem 12. Jahrhundert.

Die Regel lautet:

[ł] plus Konsonant > [u] plus Konsonant.

Beispiel:

(illos >) [ełs] > eus (nfrz. eux).

Das Alexiuslied und das Rolandslied sind hier als ältere Texte zumindest in ihrer Schreibung konservativ, vgl. Al 325: els, 9: velz, 17: melz, R 9: mals, 12: culched, während die Romane Chrétiens, die in einer Region und Zeit entstanden, in der dieser Wandel [ł] > [u] nahezu abgeschlossen war, meist die neue Lautung aufweisen, z. B. mălus „schlecht, böse" > [małs] > maus.

Die Lautverbindungen mit velarem [ł] plus Konsonant wurden in der Champagne und im Nordosten und Osten Frankreichs noch weiterentwickelt, z. B.

els > aus,
iels > iaus.

Solche Formen finden sich häufig in den Werken von Chrétien de Troyes; Troyes liegt in der Champagne. Einige Beispiele für diese regionale Sonderentwicklung:

(ĭllos >) els > aus,
(mĕlios >) miels > miaus,
(caelos > [kęlos] >) ciels [tsięłs] > ciaus [tsiaʊs],
dagegen in der Ile de France nur ciels > cieus,
nfrz. cieux [sjø],
(ŏcŭlos > [ǫklos] >) [uoʌts] (vgl. 2.4.1) > [uełts]; dissimiliert zu [iełts] > [iałts] ialz, iauz, z. B. in L 2019 (21),
dagegen in der Ile de France [uełts] > ueus > ieus > nfrz. yeux [jø].

Die Buchstabengruppe us wird in den meisten altfranzösischen Texten mit dem graphischen Kürzel x wiedergegeben; ex oder champagnisch ax sind also [eus], [aus] zu lesen, ebenso tex [teus] < tālis, biax [biaus] < bĕllus. Später verstand man dieses Zeichen nicht mehr und fügte in der Schreibung vieler Wörter fälschlich den Buchstaben u hinzu. Daraus erklärt sich die neufranzösische Orthographie von Formen wie eux, mieux, cieux, beaux.

Weitere Beispiele für [ł] plus Kons. > [u] plus Kons.:

pŭlsu > afrz. pǫls > pous > nfrz. [pu], latinisierende Schreibung pouls,
fŏlles > afrz. fols „Narren" > fous > nfrz. [fu], Schreibung fous,
vălet > afrz. valt > vaut > nfrz. [vǫ], Schreibung vaut.

2 Konsonantismus I

2.1 Allgemeine Phänomene

Viele Einzelerscheinungen im historischen Lautwandel gehen darauf zurück, daß die Laute jeder Äußerung (frz. parole, énoncé) nacheinander ausgesprochen und gehört werden. Dabei können Veränderungen entstehen, sowohl in der Art der Laute (Assimilation, Dissimilation) wie auch in ihrer Abfolge und Stellung (Metathese).

2.1.1 Assimilation

Im Unterschied zur normalen Angleichung der Laute in jeder Äußerung (vgl. unter 1) ist die Assimilation eine merkmalsverändernde Angleichung eines Lautes an einen vorhergehenden oder folgenden Laut, d. h. bei phonologischer Betrachtung die Verwandlung eines Phonems in ein anderes auf Grund eines Phonems bzw. mehrerer Phoneme in seiner Umgebung. Zum Beispiel gleicht sich in mātūru(m) > *mādūru das stimmlose dentale Phonem /t/ an die stimmhaften Vokale an, die seine Umgebung bilden, und wird zum stimmhaften dentalen Phonem /d/. Dabei findet also die Merkmalsänderung stimmlos > stimmhaft statt.

Die Assimilation ist eines der häufigsten Phänomene in der Sprachgeschichte. Sie läßt sich in folgende Arten unterscheiden:

Partielle Assimilation:

mātūru(m) „reif" > *mādūru (afrz. mëur [məyr], nfrz. mûr),
rīpa „Ufer" > *rība (frz. rive).

Totale Assimilation:

dŏrsu(m) „Rücken" > dossu (frz. dos); [rs] > [ss],
(circare >) cerchier > chercher; afrz. [ts–tʃ] > [tʃ–tʃ]
(> später [ʃ–ʃ], [ʃ] = dt. sch),

Sowohl bei der partiellen wie bei der totalen Assimilation kann die Angleichung durch unmittelbare Berührung der Laute (Kontaktassimilation, z. B. bei mātūru

und dŏrsu) oder durch Fernwirkung (Fernassimilation, z. B. bei cerchier >
chercher) erfolgen.

Bei *Vokalen* heißt die (totale oder partielle) Fernassimilation: Umlaut, z. B.

*bĭlăncia „Waage" > balance, also [i–a] > [a–a], ebenso
sĭlvaticu „wild" > salvaticu (> salvage > sauvage),
vēnī „ich kam" > *vīnī, also [ē–ī] > [ī–ī] (afrz. vin, später vins), ebenso
prēsī „ich nahm" > *prīsī (> afrz. pris).

Vgl. ahd. Sg. gast – Pl. gesti (nhd. Gäste), durch Angleichung des [a] an das
später folgende [i].

An diesen Beispielen zeigt sich, daß die Assimilation auf dem universalen
Prinzip des geringsten Kraftaufwandes (la loi du moindre effort) beruht. Der
artikulatorische Aufwand ist z. B. in *maduru geringer als in maturu:

maturu: die geringe Öffnung der Stimmlippen im Kehlkopf bei[m], [a], [u]
etc., welche Stimmhaftigkeit erzeugt, wird unterbrochen von der einmaligen
größeren Öffnung der Stimmlippen bei [t] (wodurch Stimmlosigkeit entsteht);
*maduru: die Stimmlippen bleiben stets nur wenig geöffnet; die größere Öff-
nung der Stimmlippen wird durch Umwandlung des [t] in [d] vermieden.

Ebenso zeigt z. B. prīsī gegenüber prēsi, vīnī gegenüber vēni eine artikulatorische Ersparnis: bei den Vokalen wird statt zweier verschiedener Öffnungsgrade (mit zwei Stellungen der Zunge zum Gaumen) nur noch ein gleich-
bleibender Öffnungsgrad (eine Stellung der Zunge zum Gaumen) gebildet.

2.1.2 Dissimilation

Gleiche Laute, die relativ benachbart sind, werden in ungleiche verwandelt.
Diese seltenere Erscheinung heißt Dissimilation[18]).

Beispiele ([r–r] > [l–r], u. a.):
fragrare   > flagrare (nfrz. flairer „wittern")
peregrinus > pèlerin „Pilger"
lossignol > rossignol „Nachtigall"

2.1.3 Metathese

Unter „Metathese" versteht man die Umstellung von Lauten. Sie hat verschiedene Gründe, u. a. Hörfehler.

36

Beispiele:

förmātĭcum > afrz. formage > nfrz. fromage
prō   > afrz. por
tŭrbŭlāre   > torbler > troubler
spātula   > *espadla > afrz. espalde „Schulter"
Vgl. aéroplane > français populaire: aréoplane.

2.2 Veränderungen im Sprechlatein

Bereits im Sprechlatein („Vulgärlatein") vollzogen sich folgende Umwandlungen:

1. h–, –h– > verstummt

hăbet > abet (> afrz. at, ad, a)
hōra > ọra (> afrz. ore, or „jetzt, nun")
prĕhĕndĕre > prĕndĕre (> frz. prendre)

2. –m verstummt

Das auslautende [m] wurde bereits im klassischen Latein vor einem vokalisch anlautenden Wort nicht mehr gesprochen, man las z. B. naturam et …
[natūrᵃ et]. Später schwand das –[m] auch vor konsonantisch anlautenden
Wörtern.

Beispiele:
ūnum > ūnu,
infantem > infante,
(id) ūnum tē (ōrō) > (id) ūnu tē (ōrō) „um dies eine bitte ich dich".
In einsilbigen Wörtern blieb jedoch der nasale Charakter des –m in der
Lautung –n erhalten[18a]):
rĕm > afrz. rien, mĕum > afrz. mien.

3. –n vor s verstummt

Seit dem 3. Jahrhundert v. Chr. glich sich das –n, das als Silbenauslaut
ohnehin schwächer artikuliert wurde, vollständig an das folgende [s] an
(totale Assimilation); der vorausgehende Vokal stand dadurch in freier
Stellung und wurde gelängt:
mensem > mēse (> mois „Monat")
pensáre > pēsáre (> afrz. peser „bedrücken, verdrießen")
pensat > pēsat (> peiset Al 22 > poise bei Chrétien)

4. s plus Konsonant im Wortanlaut > is plus Konsonant

Beispiel:

scola > iscola

Das [s] vor Konsonant wurde im Sprechlatein Galliens (und mehrerer anderer Länder des römischen Imperiums) als selbständige Silbe empfunden und zusätzlich durch ein Vorschlag-i (sog. „prothetisches i") gestützt, d. h. in seinem Silbencharakter verstärkt. Gegenüber dem ältesten Latein fand also eine Veränderung der Silbenstruktur statt: aus altem zweisilbigem sco–la wurde ein dreisilbiges is–co–la[19]).

Dieses [i] öffnete sich später zu [e], z. B.
iscola > escole.

Übung

Lesen Sie jeweils nur die klt. Form, verdecken Sie die slt. und afrz. Formen und versuchen Sie diese selbst zu ermitteln:

scrīpta	*iscripta	escrite	(nfrz. écrite)
spīritum	*ispiritu, –o	esperit	(nfrz. esprit)
spătha	*ispatha	espe(d)e	(nfrz. épée)
spōnsum	*isposu, –o	espos	(nfrz. époux)
stāre	*istare	ester	(nfrz. –)
spīna	*ispina	espine	(nfrz. épine)

In den wiederentdeckten Wandinschriften von Pompeji, das 79 n. Chr. durch einen Vesuvausbruch zerstört worden war, ließen sich viele Belege dafür finden, daß diese lautlichen Wandlungen bereits im Sprechlatein geschahen. Es handelt sich meist um ganz alltägliche Inschriften. Sie haben dokumentarischen Wert, weil ihre ungebildeten Verfasser nur Laute schrieben, die sie aussprachen, z. B.

1. abet (statt habet), oc (statt hoc),

2. porta (statt portam),

3. mesa (statt mensa), omnipotes (statt omnipotens),

4. Ismurna (statt Smyrna).

2.3 Tabelle der Konsonanten

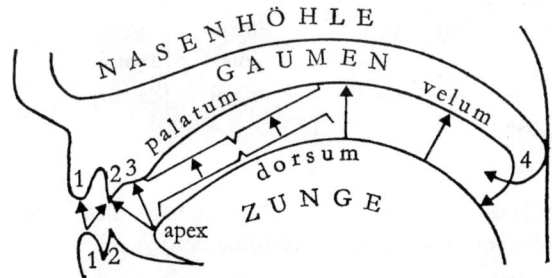

1 = labia, 2 = dentes, 3 = alveoli, 4 = uvula
Schema der Artikulationen im Mundraum[20]

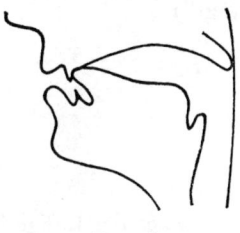

Dentales t

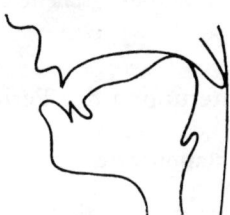

Velares k

	\multicolumn{8}{c}{Artikulationsorte}
	bi-labial	labio-dental	dental, alveolar	dental, alveolar	„prae-palatal"	palatal	medio-palatal oder velar
stimmlos	p	f	t, [ts]	[s]	[ʃ], [tʃ]		k
stimmhaft	b	v	d, [dz]	[z]	[ʒ], [dʒ]		g
nasal	m		n			ɲ	
			l, r			j, ʎ	ł

[ts]: geschriebenes c vor e und i   cent   [tsẽnt]
geschriebenes z   braz   [brats]
vgl. dt. Tsetsefliege, Zahn

[tʃ]: geschriebenes ch   chier   [tʃięr]
                                   Charles   [tʃarləs]

vgl. Tscheche, Tschako

39

[dʒ]: geschriebenes g vor e und i   gent   [dʒĕnt]
      vgl. dt. Giro [dʒiro]
      geschriebenes j vor a, o, u   jorn   [dʒorn]
                                     joie   [dʒoiǝ]
[z]:   geschriebenes s zwischen Vokalen   gesir   [dʒezir]
      vgl. dt. Rose [rozǝ]

Übung

Sprechen Sie folgende altfranzösischen Wörter nach diesen Regeln aus (einschließlich sämtlicher geschriebener Konsonanten):

     ce, cele, cil, certes, place, assez
     chevalier, cerchier, chose, chef („Haupt")
     giter, gibier, orge, gent > jant, juïse
     visage, viser, choser („schelten"), osez („wagt")

2.4   Erläuterungen der Termini

2.4.1   Artikulationsorte

Ein Artikulationsort ist die Stelle, an welcher der aus der Lunge kommende Luftstrom auf ein Hindernis stößt. Man unterscheidet hierbei, in der Tabelle fortschreitend von den Lippen (links) bis zum hinteren Gaumen (rechts):˙

bilabial = beide Lippen (Ober- und Unterlippe), z. B. [p]; öffnet man zugleich das Gaumensegel (velum mit uvula), so entsteht [m];

labiodental = Unterlippe und obere Schneidezähne;

dental = Schneidezähne; bei frz. [t] und [d] wird das Hindernis vom hinteren Rand der oberen Schneidezähne und von der Zungenspitze (lat. apex) gebildet, daher werden frz. [t] und [d] auch „apikale" oder „apikodentale" Laute genannt;

alveolar = oberer Zahndamm hinter den Schneidezähnen (Alveolen); Laute, die zwischen den Alveolen und der Zungenspitze entstehen, heißen apiko-alveolar (z. B. engl. [t], [d], frz. [l] und „Zungen-r");

dental oder alveolar = zwischen der hinteren Fläche der Schneidezähne bzw. den Alveolen und der Zungenspitze kann auch eine Reibung entstehen. Bildet dabei die Vorderzunge eine Rille, so daß nur ein dünner Luftstrahl passieren kann, so entstehen stimmloses bzw. stimmhaftes s. Liegt die Vorderzunge flach, so daß ein breiter Luftstrom passieren kann, so entstehen stimmloses und stimmhaftes engl. th, Laute, die es auch im Altfranzösischen des 11. Jahrhunderts gab und die auch interdental, d. h. zwischen oberen und unteren Schneidezähnen, gebildet werden können;

praepalatal = die Vorderzunge bildet mit dem vorderen Gaumen (oder den Alveolen) eine Enge, in der Reibung stattfindet, so in nfrz. Charles [ʃ] und gentil [ʒ]; im Altfranzösischen haben diese Laute noch einen dentalen Vorschlag.

Die dentalen, alveolaren und praepalatalen Laute bilden einen kontinuierlichen Übergang. Bei ihrer Aufeinanderfolge in der Tabelle spielt auch die Zungenstellung eine Rolle, d. h. die Frage, ob nur die Zungenspitze oder nur (bzw. auch) die Vorderzunge artikulieren;

palatal = Vordergaumen; zwischen Vorderzunge und Vordergaumen findet ein völliger Verschluß ([ɲ] wie in nfrz. vigne [viɲə]), ein zentraler, jedoch nicht lateraler Verschluß („mouilliertes" l = [ʎ] wie in span. calle, ital. figlia) oder eine Reibung ([j], [ç] wie in dt. Jahr, ich) statt[20a];

mediopalatal = mittlerer Gaumen, noch zum palatum gehörend, z. B. [k] in frz. qui;

velar = hinterer Gaumen (velum), z. B. velares [k] in frz. cou; in Richtung auf die gleiche Stelle hebt sich die Hinterzunge bei der Bildung des velarisierten [ł];

uvular = Zäpfchen, bei dessen Vibration entsteht das nfrz. R grasseyé;

im Kehlkopf schließlich wird durch Reibung der Luft an den Stimmbändern (Stimmlippen) der Hauchlaut [h] erzeugt, der im Altfranzösischen in Lehnwörtern aus dem Fränkischen erhalten blieb und gesprochen wurde.

2.4.2 Artikulationsarten

Die Artikulationsart richtet sich nach der Art des Hindernisses.
Ist das Hindernis ein völliger Verschluß, der von dem aus der Lunge kommenden Luftstrom gesprengt werden muß, so entstehen *Verschlußlaute* (lt. mutae, frz. occlusives). – Durch welchen Verschluß (und dessen Sprengung) werden

[p] und [b],
[t] und [d],
[k] und [g] erzeugt?

Ist das Hindernis lediglich eine Enge, in welcher der Luftstrom ein Reibegeräusch erzeugt, so spricht man von *Reibelauten* (lt. spirantes, frz. fricatives). – Wo liegt die Enge bei der Bildung von

[f] und [v],
[s] und [z],
[ʃ] und [ʒ]?

Die kombinierten Verschluß-Reibelaute heißen *Affrikaten* (lt. mutae affricatae „Verschlußlaute, die angerieben sind"). Eine Affrikata wird zwar in der phonetischen Umschrift meist durch zwei Zeichen wiedergegeben, z. B. [ts], [dz], [tʃ], [dʒ], aber in der Zeit eines einzigen Lautes artikuliert[21]).

Mit den Verschlußlauten artikulatorisch verwandt sind die *nasalen Konsonanten*. Bei ihrer Bildung wird der Verschluß nicht gesprengt; vielmehr entweicht die Luft durch den Nasenraum ([m], [n], [ɲ]).

Erfolgt der Verschluß zwar in der Mitte des Mundraums, jedoch nicht an den Seiten (Seite = lt. latus), so daß die Luft dort entweichen kann, so entsteht ein *Lateral* ([l] oder [ɫ]).

Wenn die Zungenspitze bzw. das Zäpfchen in einer Enge vibriert, d. h. mehrere kurze Schläge ausführt, dann entsteht ein *Vibrant* (Zitterlaut). Im Altfranzösischen (wie noch heute z. B. in Spanien und Südfrankreich) gibt es nur das alveolare [r], das durch einen raschen Schlag (oder mehrere Schläge) der Zungenspitze gegen die Alveolen erzeugt wird, z. B. in afrz. tres „sehr" oder „hinter", treis „drei". Der Ersatz dieser Vibration durch die des Zäpfchens gegen den hinteren Zungenrücken (Zäpfchen – R) erfolgte erst im Laufe des 17. Jahrhunderts.

Die häufige Verwandlung von [r] zu [l], [l] zu [r] bei der Dissimilation (siehe 2.1.2) wird erst verständlich, wenn man bedenkt, daß im Altfranzösischen das [r] am gleichen Ort wie das [l] gebildet wurde: an den Alveolen.

Übung

Die Artikulationsorte und -arten vieler Konsonanten können Sie sich leicht einprägen, indem Sie diese Laute nach der obigen Tabelle systematisch (zuerst [p], [b], [m]) bilden und dabei im Spiegel Lippen und Mundraum beobachten (Ausnahmen: s-Laute, ʃ-Laute, [h]).

2.5 Überblick über die Entwicklung der Konsonanten vom Lateinischen zum Altfranzösischen

Ebenso wie die Vokale entwickelten sich die Konsonanten verschieden je nach ihrer lautlichen Umgebung, besonders ihrer Stellung im Wort. Nur die großen Entwicklungstendenzen können hier dargestellt werden. Einige wichtige Ausnahmen werden später im Kapitel 5 behandelt.

Im folgenden wird ein Konsonant in der jeweils betrachteten Stellung durch den Großbuchstaben K symbolisiert. (Andere Konsonanten sind durch ein kleines k bezeichnet.) Die Striche geben an, ob ein Wort davor oder danach andere Laute enthält.

2.5.1 Anlaut-Konsonant

K– bleibt erhalten, weil der Artikulationsaufwand zu Beginn einer Silbe groß ist:

vīnu(m) > vin
bŏnus > bons

2.5.2 Inlaut-Konsonant

Ein Inlaut-Konsonant entwickelt sich je nach Position verschieden:

a) –kK–: K bleibt erhalten.
Nach anderem Konsonant bleibt ein Konsonant als Silbenanlaut erhalten:

hěr–ba > erbe (nfrz. Schreibung: herbe)
trăc–tāre > trai–t(i)er

b) –Kk–: K wird verändert oder schwindet.
Vor anderen Konsonanten steht ein Konsonant als Silbenauslaut in schwacher Position, da ein Silbenauslaut mit weniger Artikulationsaufwand gesprochen wird als ein Silbenanlaut.
Die Konsonanten [k] (geschrieben c) und [g] werden oft über ein palatales [ç] (Reibelaut, wie in dt. ich, fechten) zum palatalen Vokal [i][22]):

trăc–tāre > trai–t(i)er
nŏc–te(m) > noit > nuit „Nacht"

In der Stellung vor r ist ein Konsonant zwar kein Silbenauslaut, steht aber als Silbenanlaut von geringerer Schallfülle ebenfalls in schwacher Position (vgl. 1.3.2). Verschlußlaute in dieser Stellung werden zu Reibelauten oder schwinden völlig:

a–prī–le(m) > *abrile > avril
lă–bra   > levre (nfrz. lèvre)
sŭ–pra   > sovre > sore, sor „auf, über"
(ŭ > o hier tonlos; nfrz. sur < Kreuzung von sor < sŭpra und sus < *sŭsum)
mā–tre(m) > medre [meðrə]; das hier geschriebene d wird wie engl. stimmhaftes th in the mother gesprochen > im 12. Jh. mere (nfrz. mère)
gr > ir: nĭ–gru(m) > *neiir > neir, noir „schwarz"

c) –kKk: K verstummt.

Meist gelangt ein Konsonant erst sekundär, z. B. durch Schwund des lateinischen Endsilbenvokales, in eine zwischenkonsonantische Stellung, in der er verstummt:

corpus > *corps > afrz. cors
tempus > *temps > afrz. tens, tans

Durch gelehrten Einfluß (ab 10., später ab 13./14. Jahrh.) wurde die frz. Orthographie – also nur die Schreibweise, nicht die Aussprache – dem klassisch-lateinischen Schriftbild angeglichen: corps, temps.

(Nur als Silbenanlaut vor l oder r blieb der Konsonant erhalten: ăm–plu > ample, ŭm–bra > ombre.)

d) –K– verstummt.

Die zwischenvokalischen Konsonanten verstummen zumeist. Sehr häufig ist die folgende Entwicklung: Stimmloser Verschlußlaut > stimmhafter Verschlußlaut (sog. „Sonorisierung der intervokalischen Konsonanten" durch Assimilation, vgl. 2.1.1) > (stimmhafter) Reibelaut > verstummt

vita > *vida > [viðə] vithe (Al 63, wie engl. the) > vie
secūru > *seguro > [səyr] sëur, nfrz. sûr, vgl. S. 68 oben

Die stimmhaften Verschlußlaute erfahren oft die gleiche Entwicklung und verstummen:

*dēbūtu > über [b] > [β] > dëu(t), nfrz. dû
([β] = bilabialer Reibelaut wie in span. saber)
*nūba „Wolke" > *[nu̦βa] > nue [ny̦ə]

Zumeist bei –b– und immer bei –p– endet dieser Lautwandel jedoch bereits auf der Stufe des Reibelautes. Aus beiden bilabialen Verschlußlauten entsteht der bilabiale Reibelaut [β], für den die Galloromanen den klangähnlichen Laut [v] einsetzen:

făba „Bohne" > *[faβa] > feve (nfrz. fève)
hăbēre > *[aβe:re] > aveir, avoir
rīpa „Ufer" > *riba > *[riβa] > rive
sāpōne „Seife" > *sabọne > *[saβone] > savon

Erhalten bleiben jedoch besonders –l–, –r– (Beispiele s. 1.3.3) und –s–, das lediglich stimmhaft wird (*ausare „wagen" > oser [ɔzɛr] > [oze]).

2.5.3 Auslaut-Konsonant

a) –K verstummt.

Primäre Auslautkonsonanten (in frühen Texten oft noch erhalten, z. T. als Reibelaute gesprochen) verstummen später:

cantat > chantet [tʃãntəθ] > chante
pensat (> [pę:sat]) > peiset > poise
cantes > chantes > [tʃãntə] > [ʃãt]

Das auslautende –s verstummt vom 12. bis 14. Jahrhundert an; lediglich in der liaison vor vokalisch anlautendem Wort bleibt es als [z] erhalten: vous avez [vuzave].

b) –K sek. wird stimmlos.

Sekundäre, d. h. neue Auslautkonsonanten (durch Schwund des Endsilben-vokals) bleiben erhalten, werden aber, falls sie vorher stimmhaft waren, stimmlos:

sěrvu(m) „Sklave, Knecht" > serf
grănde(m) > grant
vīvu(m) > vif (Objektkasus)
(fĭdem > [fę:de] > feit [feiθ], vgl. engl. faith, der Reibelaut [θ] verstummt jedoch später: nfrz. foi)

c) –Kk sek.: K verstummt.

Wenn durch Schwund des Endsilbenvokals eine Gruppe stimmhafter plus auslautender stimmloser Konsonant entsteht, wird der erste, inlautende Konsonant ebenfalls stimmlos (Assimilation) und verstummt später:

vīvus > vifs > vis „lebendig" (Subjektkasus)
(Ausnahmen: totus > toz, geschriebenes z = ts; ĭntus > *entus > enz.)

Wiederholung (Angaben wie „erhalten", „verstummt": nur auf K bezogen). Zeichen / = oder:

1.	K–	erhalten	Tempus	> tens
2a)	–kK–	erhalten	tracTáre	> traitier
2b)	–Kk–	verändert / verstummt	traCtáre	> traitier
2c)	–kKk	verstummt	temP(u)s	> tens
2d)	–K–	verstummt (nur p, b > v)	viTa	> vie
3a)	–K	verstummt später	tráctaT	> traite(t)
3b)	–K	sek. > stimmlos	viV(um)	> vif
3c)	–Kk	sek. verstummt	viV(u)s	> vis

Übung I

Orientieren Sie sich jeweils an der dargestellten Entwicklungstendenz und den dazu gegebenen Beispielen und nennen Sie dann, bei verdeckter rechter Seiten-hälfte, die Ergebnisse der folgenden lateinischen Formen:

n. O. = nfrz. latinisierende Orthographie, n. = nfrz.

45

1. vīsu(m) „Anblick, ..." (Akk.)   vis „Gesicht"
   pīnu(m) „Fichte, ..." (Akk.)   pin

2a) ŭnda   „Welle"   onde

2b) făcta   „gemacht" (fem.)   faite
    trăcta „gezogen, ..." (fem.)   traite
    tēctu(m) „Dach" > tęctu > tęcto   teit > toit
    frātre(m) „Bruder"   fredre (d = [ð], s. 2.5.2) > frère
    sĕpte(m) „sieben"   set (n. O. sept)

2c) sĕrvus „Sklave, Knecht"   sers
    cĕrvus „Hirsch"   cers
    rŭmpit „er / sie / es zerbricht"   *romt > ront (n. O. rompt)

2d) *tacútu(m) „ge– / ver–schwiegen"   tëu [te–y] (n. tû)
    nāta   „geboren" (fem.)   nethe (th = [ð]) > nee (n. née)
    spātha „Schwert"   espede (d = [ð]) > espee (n. épée)
    nōdāre „knüpfen"   noder (d = [ð]) > nǫer (n. nouer)
    crūda   „roh, ..." (fem.)   *crude (d = [ð]) > crue
    făba   „Bohne"   feve (n. fève) „Saubohne"
    praeda „Beute" > pręda   preie > proie
    regīna „Königin"   reïne > reine
    Hugone(m) „Hugo" (aus germ.)   Huon [hyõn]
    frág(i)lis „zerbrechlich, ..."   frailes, Al 9 (n. frêle)

3a) ĕt   „und"   et, ed, e (n. O. et)
    mūros   „Mauern" (Akk.)   murs [myrs] > [myr]
    măgis   „mehr, ..."   mais „mehr, aber" > [mɛ]
    dūrat   „er / sie / es dauert"   duręt > dure
    sīc   „so, ..."   *sij > si „so, und"
    (sī   „wenn" unbetont > sę   se, mfrz. durch si ersetzt²³)

3b) sĕrvu(m) „Knecht" (Akk.)   serf
    tărde   „spät"   tart, Al 65
    suāve   „angenehm, sanft"   süef, Al 32, soęf
    quăndō „als, da, weil"   quant (Konj., n. O. quand)
    (quăntū, –ī „wie viele"   quant (Adjektiv)
    nāve(m) „Schiff" (Akk.)   nef, Al 77 (n. „Kirchenschiff")
    vĭr(ĭ)de(m) „grün"   vert

3c) suāvis (Nom.)   sües, soes
    nāvis   „Schiff" (Nom.)   nes
    vīlis   „gemein" (Nom.)   vils > vis (nicht mit
                                        vis < vifs < vivus „lebend(ig)"
                                        zu verwechseln, z. B. L 32)

Die folgende Übung kann Ihnen zugleich helfen, sich die Formen der Diphthongierung von betontem [ē] (bzw. [ĭ]), [ĕ], [ŏ] und [ō] einzuprägen. Verdecken Sie wieder die rechte Seitenhälfte.

1.	bĕne	„gut" (adv.)	bien
	tēla	„Gewebe"	teile > toile
	pĭra	„die Birnen" (N. Pl.)	peire > poire „Birne"
	sōla	„allein" (fem.)	so(u)le > sẹule (13. Jh. [ø], später [œ])
	cŏr(em)	„Herz"	cuor > cuer (13. Jh. [œ], n. cœur)

2a) bis c) Warum gibt es hierzu keine Beispiele?

Die Diphthongierung betonter Vokale erfolgt nur, wenn sie in freier Stellung stehen (vgl. 1.3.2, Ausnahmen s. 4.1)

2d) dēbēre   „müssen, …"   deveir > devoir
    pĕ–tra   „Stein"   *piedre (d = [ð]) > pierre
    hĕ–d(e)ra „Efeu"   edre (*iedre, d = [ð]) > ierre (n. lier-
                                      re, mit Artikel verschmolzen, vgl. in
                                      Haiti lespri für l'esprit)

    nĕpōte(m) „Neffe"   nevout > neveu (R 824, 1219, 2870
                                      nevold, da l vor Kons. > u; falsche
                                      archaisierende Schreibung)

    lŭpa   „Wölfin" > lopa   louve
    nŏva   „neu" (fem.)   nueve (n. neuve)

3b) nŏvu(m)   „neu" (mask.)   nuef (n. neuf)
    bŏve(m)   „Ochse" (Akk.)   buef (n. bœuf)
    ŏvu(m)   „Ei" (statt ōvum)   uef, oef (n. œuf)
    nĭve(m)   „Schnee" (Akk.)   neif > noif (n. ersetzt durch neige,
    brĕve(m)   „kurz" (Akk.)   brief (n. bref)   [zu neiger)]
    *grĕve   (statt gräve, in   grief „schwer, schwierig"
               Analogie zu lĕve)   (n. grave: Buchwort)

3c) bọv(i)s   „Ochse"   bués
    *nẹv(i)s   „Schnee"   neis > nois
    brẹv(i)s   „kurz"   briés
    *grẹv(i)s „schwer" (Nom.)   griés

Statt in 3c) die afrz. Rektus-Formen, die diphthongiert sind, als Fortsetzung einsilbiger sprechlateinischer Formen mit Nominativ-Funktion zu betrachten (s. 4.1), könnte man sie auch als afrz. Ableitungen aus der jeweiligen Akkusativ-Form ansehen, die mit einem Rektus-s versehen wurden (z. B. neifs > neis, zu neif). Auch in diesem Falle wäre der Konsonant vor dem Endkonsonanten verstummt.

3 Vokalismus II

3.1 Überblick über die Diphthongierung

Die folgende Darstellung gibt nur einen kurzgefaßten, vereinfachenden Überblick. Viele historische Fragen, die mit der Diphthongierung zusammenhängen, sind noch nicht völlig geklärt[24]).

3.1.1 Spontane Diphthongierung

Wie bereits besprochen, gehen bei vielen Wörtern die Diphthonge darauf zurück, daß die betonten Vokale in freier Stellung gelängt gesprochen wurden. Dies gilt für slt. [ę] aus [ē] bzw. [ĭ], slt. [ę] aus [ĕ], slt. [ǫ] aus [ŏ] und slt. [ǫ] aus [ō] bzw. [ŭ]. Vgl. 1.3.3 und vorige Übung. Da diese Diphthongierung stets in freier Stellung geschah, unabhängig von Einflüssen anderer Laute im gleichen Wort, spricht man von spontaner Diphthongierung.

3.1.2 Bedingte Diphthongierung

Die Vokale [ę] und [ǫ] diphthongieren aber auch unter dem Einfluß einer folgenden palatalen Gruppe, in der ein halbkonsonantisches i (vor Vokal) oder ein palatal gewordenes k vorkommt.

Beispiele:

    mĕlius > mę̣li̯us > mielz (nfrz. mieux)
    vŏleo > vǫli̯o > vueil (nfrz. je veux)
    nŏctem > *nǫkte > *nueit, später vereinfacht zu nuit.

Dies ist nichts anderes als eine partielle Assimilation: [ę] und [ǫ], die einen größeren Öffnungsgrad aufweisen, gleichen sich dem geringen Öffnungsgrad des folgenden palatalen [i̯] (bzw. dem palatalen [k] > [ç] wie in dt. ich) dadurch an, daß sich ein fast ebenso geschlossenes [i] oder [u] entwickelt.
Das gleiche geschieht, wenn auf ein [ę] oder [ǫ] ein [u] (unmittelbar oder nach velarem k, g) folgt, z. B. Dẹu, lǫcu, lẹgua. Die Vokale [ę] und [ǫ] gleichen sich dem geringen Öffnungsgrad des [u] an; so entstehen Dieu [dieu], *leuu (später zu lieu dissimiliert) und lieue „Meile".

Diese Diphthongierung von [ę] und [ǫ] tritt auch in gedeckter Stellung (z. B. noctem) ein. Da sie durch im Wort folgende Laute ([i̯], [k], [u]) bedingt ist, nennt man sie bedingte Diphthongierung. Sie geschah früher als die spontane Diphthongierung.

3.1.3 Vorkonsonantische Vokalisierung

Diphthonge können weiterhin dadurch entstehen, daß ein Konsonant vokalisiert wird, z. B. [k] vor Konsonant > [i] (tracta > traite, vgl. 2.5.2b) und [ł] vor Konsonant > [u] (els > eus, vgl. 1.3.7).

3.2 Frühe regionale Reduktion von Diphthongen

In den nordwestlichen Dialekten, zu denen auch das frühe Anglonormannische gezählt werden kann, bestand bereits seit etwa der zweiten Hälfte des 11. Jahrhunderts bzw. dem Anfang des 12. Jahrhunderts die Tendenz, die entstandenen Diphthonge wieder zu bestimmten Monophthongen zu reduzieren. Daher zeigen die spätere, aber noch relativ getreue Handschrift L des Alexiusliedes, die wahrscheinlich von einem anglonormannischen Kopisten stammt[25], und die Handschrift O (= Oxford) des Rolandsliedes bereits oft Monophthonge statt der Diphthonge[26]:

ē > ę > ęi > e
    aver Al 91 (< aveir) – aber Al 58 aveir

ĕ > ę > íę > ié (Betonungswechsel) > ję > ę
    perre R 2300 (< pierre) – aber R 982   piere
    ferent R 1662 (< fierent) – aber R 1347 fierent

ŏ > ǫ (> uo) > entweder úe > u, geschrieben o oder u, oder úe > wę̣
    (Betonungswechsel) später > ę
    bons Al 1 (statt betont buens)
    quor [kwur] Al 166, vgl. Schreibung quons für [kwuns]
    Al 514, dagegen R 299 coer, R 2356 quer [kwę́r], später [kę̣r]

ō > ǫ > ǫu > u
    amur Al 2 (< amǫur)
    colur Al 4 (< colǫur)

Die allgemeine Monophthongierung von Diphthongen setzt also im Anglonormannischen früher ein als im Zentrum Frankreichs. Sie entspricht der allgemeinen Entwicklung des Französischen. In ihren *spezifischen* Resultaten aber (e, ę, u, ę, u) zeigt sie eine dialektale Sonderentwicklung.

3.3 Geschriebenes ‚u' im Alexiuslied und Rolandslied

Im frühen Westnormannischen und Anglonormannischen, wie auch in den anderen nordwestlichen (oder allgemeiner: westlichen) Dialekten, tendierten [ọ] (besonders aus [ǫ] in gedeckter Stellung) und [ọu] (besonders aus [ọ] in freier Stellung) zu [u], während sie in anderen altfranzösischen Dialekten meist noch ihren Öffnungsgrad bewahrten, besonders als nasaliertes [õ] vor nasalem Konsonanten[27]). Daher zeigen im Alexiuslied zahlreiche Wörter, die in der Ile de France und der Champagne mit o oder ou geschrieben wurden, eine Schreibung u.

Beispiele:

dont	–	Al dunt
meillor, meillour	–	meilur
toz „alle"	–	tuz
donc „dann"	–	dunc
ton „dein"	–	tun
ont „sie haben"	–	unt
nom	–	num

Das geschriebene u lautete im Normannischen und Anglonormannischen aber dann [y], wenn es aus klt. [ū] stammte, z. B. Al v. 4: Tut est müez, perdut ad sa colur

müez [myẹts] < mūtātus, perdut [pẹrdyð] < perdūtu(m) statt perditum, dagegen: tut [tut] < tọto < tōtu(m), colur [kulur] < colọre < cŏlōre(m).

Der nordwestfranzösische Wandel von [ọ] und [ọu] zu [u] ist strukturell in folgendem Zusammenhang zu sehen: [ū] > [y], Nachrücken von [ọ] und [ọu] in die nun freie Stelle von [u]. (Daher konnte das offene [ǫ] wiederum zu [ọ] tendieren, eine Bewegung, die zuerst in Wörtern einsetzte, in denen [ǫ] durch den Schwund des vorkonsonantischen s gelängt wurde, z. B. aus tǫstum: tǫst > tôt, aus hǫspitem: ǫste > hôte, aus grǫssum: grǫs > gros [grọ].)

4 Wortakzent

Nach der Silbe, auf der der Hauptton, d. h. der größte Atemdruck liegt, lassen sich die klassisch-lateinischen Wörter in drei Arten gruppieren. Hierbei wird von der letzten Silbe aus gezählt:

Oxytonon (Pl. Oxytona) mit dem Hauptakzent auf der letzten Silbe, z. B. rem (einsilbig), illác (zweisilbig);

Paroxytonon (Pl. –a) mit dem Hauptton auf der vorletzten Silbe, z. B. sorōrem, bŏnus;

Proparoxytonon (Pl. –a) mit dem Hauptton auf der drittletzten Silbe, z. B. tónĭtru, fēminam.

4.1 Entwicklung einsilbiger Oxytona

Unter dem Einfluß des Haupttons wurden die klt. einsilbigen Oxytona so sehr gelängt, daß sie unabhängig von einem folgenden Konsonanten, also selbst in gedeckter Stellung, diphthongierten.

Beispiele:

ĕs > [ę:s] > afrz. ies ,du bist' (daneben es, unbetont)
trēs > [trę:s] > afrz. treis, trois (nfrz. [trwa])
sĭt > [sę:t] > afrz. seit, soit (nfrz. [swa])

Dies sind Ausnahmen. Die spontane Diphthongierung findet sich sonst nur bei betonten Vokalen in *freier* Stellung[28].

4.2 Akzentbestimmte Differenzierung

Aus manchen klt. Wörtern, besonders den Pronomina, entstanden zwei französische Formen. Wenn diese Wörter mit einem Hauptakzent gesprochen wurden und daher Paroxytona oder Oxytona bildeten, erfuhren die in ihnen enthaltenen betonten Vokale die bekannte Entwicklung:

mēa (statt mĕa) > meie, moie (z. B. la meie mort, R 2198)
mē   > mei, moi   (z. B. cunseilez mei, R 20)
ĭlla(m)   > ele (nfrz. elle), vgl. 1.3.2

Waren diese Wörter dagegen neben- oder unbetont (z. B. in adjektivischer Stellung vor einem Substantiv, das den Hauptton trug), so geschah keine Diphthongierung und oft sogar eine lautliche Reduktion, bei der der klangschwächere Vokal verstummte:

mea(m) géntem > ma gent (R 3060)
slt. *me potétis > me puez (R 74, vgl. 3.3)
illa(m) mórtem > la mort (R 2259)[29])

4.3 Entwicklung der Proparoxytona

Die Proparoxytona wurden im Sprechlatein („Vulgärlatein") und in der Entwicklung zum Altfranzösischen in Paroxytona verwandelt, entweder durch Akzentverlegung auf die vorletzte Silbe: x́ x x > x x́ x,
oder durch Synkopierung: x́ (x) x > x́ x.

4.3.1 Akzentverlegung

In folgenden Fällen wird durch Akzentverlegung ein Proparoxytonon zum Paroxytonon:
1. wenn die letzte Silbe mit Verschlußlaut plus r (oder l) beginnt und der Vokal der vorigen Silbe dadurch in freier Stellung steht (vgl. 1.3.3):
   tónĭtru(m) > to–nĭ́–tru (> afrz. toneire, tonoir(r)e, nfrz. le tonnerre „Donner")
2. wenn dritt- und zweitletzte Silben die Vokalfolge í–e, í–o, é–o enthalten:
   paríete(m) > pariéte (> [parɛːte] > afrz. pareit, paroi „Wand")
   mŭlíere(m) > mŭliére (> afrz. [muʎɛr], geschrieben muiler oder muiller, bzw. [moʎɛr] moiller „Ehefrau, Gattin")
   Hier wird also der Hauptton vom schallschwächeren Vokal auf den schallstärkeren verlegt[30]).
3. durch Analogie.
   Beispiel: in Analogie zu habēre, tacēre etc., also zur 2. Konjugation:
   cádĕre > cadére (> afrz. cheoir „fallen", ca > che)
   sápĕre > sapére (> afrz. saveir, savoir)

4.3.2 Synkopierung

Synkopierung (oder Synkope) eines Wortes heißt: Zusammenziehung einer Wortform unter Beseitigung des unbetonten Vokals und damit einer Silbe.

Bei rascherem Sprechtempo nämlich entstehen Schnellsprechformén der Wörter: sie werden nachlässiger artikuliert (loi du moindre effort), der Vokal der unbetonten mittleren Silbe verstummt.

Es gibt solche Schnellsprechformen von Proparoxytona auch im heutigen „Sprechhochdeutsch":

die Erwáchsenen [diːɛrváksn(ə)n],
Gártentür [gɑ'ntyə], wo nur noch Knacklaut und n die zweite Silbe bewahren,
Módenschau [moːdnʃɑo] oder [moːnnʃɑo]
bei Assimilation dn > nn.

Ebenso erklärt es sich, daß in der Hochsprache véndĕre, im Sprechlatein Galliens véndre gesprochen wurde (afrz. vendre, vandre, nfrz. [vɑ̃drə]). Bei einem Vortrag sprach man véndere, im Gespräch sagte man véndre. Beide Formen existierten zunächst gleichzeitig (ebenso wie die verschiedenen Lautungen von die *Erwachsenen, Gartentür* etc. im heutigen Deutsch).

Später überlebte jeweils nur die Form des alltäglichen Gesprächs.

Der Fachterminus „Synkope in Proparoxytonis" bezeichnet also eine durchaus normale Erscheinung in manchen Sprachen, und das sogenannte „Vulgärlatein" Galliens, aus dem sich das Französische entwickelte, war ja nichts anderes als das dortige Sprechlatein, das dort gesprochene Latein der alltäglichen Konversation[31]).

Übung zur Synkopierung

Sprechen Sie die folgenden Wörter ohne den Vokal der mittleren unbetonten Silbe und nennen Sie darauf die aus der synkopierten Form entstandene altfranzösische Form. Verdecken Sie die Mitte und den rechten Rand der Seite.

Beispiel: fābula > *fabla > fable [fablə]

tăbŭla	> *tabla	> table
nōbile(m)	> *noble	> noble
ŏcŭlu(m)	> *ǫklo	> ueil [ueʎ], vgl. 1.3.2
ŏcŭlos	> *ǫklos	> uels, ieus, vgl. 1.3.7
pĕrdĕre	> *pęrdre	> perdre
prēndĕre (aus prehendere) >	*prendre >	prendre (> nfrz. [prɑ̃drə])
gĕnĭta	> *genta	> gente [dʒɛ̃ntə] „anmutig,
	hübsch" >	jante (bei Chrétien)

Wenn n–r, l–r entsteht, entwickelt sich ein Gleitlaut [d] und ein Stütz-[ə] nach zwei Konsonanten.

Beispiel:
téneru(m) > *tęnro > afrz. tęndre [tɛ̃ndrə]

Daß gerade das [d] den Gleitlaut bildete, erklärt sich leicht: [d] ist wie [n] ein dentaler Konsonant; das [r] war ein Vorderzungen-r. Sprechen Sie erst [tẹnro], dann [tẽndrə], beide mit Vorderzungen-r, so bemerken Sie selbst, daß [n], [d] und [r] fast an der gleichen Stelle artikuliert werden und der Gleitlaut [d] eine Artikulationserleichterung darstellt.

Übung

géneru(m)	>	*genro	>	gendre, [dʒ] > [ʒ]
mólere	>	*molre	>	moldre (> moudre)
pónere	>	*ponre	>	pondre
tóllere	>	*tolre	>	toldre
absól(v)ere	>	*absolre	>	absoldre (> absoudre)
resól(v)ere	>	*resolre	>	resoldre (> résoudre)

Wenn m–r, m–l entsteht, entwickelt sich ein Gleitlaut [b] (wie [m] ein labialer Konsonant) und ein Stütz-[ə] nach der Konsonantengruppe.

Beispiel: cŭmulu(m) > *komlo > comble

Übung

nŭmeru(m)	>	*nọmro	>	nombre
hŭmile(m)	>	*humle	>	humble
trĕmulat	>	*tremlat	>	tremble(t)
cámera(m)	>	*kịamra	>	chambre
sĭmulat	>	*semlat	>	semble(t)

4.4   Verhältnis zwischen Synkopierung und Diphthongierung

Die Synkopierung geschah nicht bei allen Proparoxytona zur gleichen Zeit. Es gibt Wörter, die schon im Sprechlatein zur Zeit Ciceros oder der Kaiserzeit synkopiert wurden[32]) und dadurch eine Konsonantengruppe enthielten, die die Diphthongierung verhinderte, z. B. nĭtĭda „glänzend" > *nẹt'da, das betonte [e] stand nun in gedeckter Stellung und konnte nicht gelängt und diphthongiert werden, daher afrz. nete „rein" (nfrz. nette).
In anderen Proparoxytona, nämlich denjenigen, die betontes [ẹ] oder [ọ] in freier Stellung enthielten, entwickelte sich zunächst ein Diphthong:

tĕpĭdu „mild, lauwarm" > tẹpidu > *tiepido (vgl. ital. tiepido).

Dieser Diphthong ist wahrscheinlich durch die Angleichung des offenen [ẹ] an das relativ geschlossenere [i] der Mittelsilbe bedingt; es würde sich demnach hier um eine bedingte Diphthongierung, also eine partielle Assimilation handeln, und nicht um eine spontane Diphthongierung in freier Stellung[33]).

Erst danach trat eine Synkopierung und eine totale Assimilation des mittleren Konsonanten (Angleichung an das folgende [d]) ein:

*tiępido > *tięv(e)de > afrz. tiede [tięda], nfrz. tiède.

Übung

Ermitteln Sie aus den folgenden afrz. Wortformen, ob bei ihnen eine Synkopierung voranging (und damit eine Diphthongierung verhinderte), oder ob erst eine Diphthongierung, dann eine Synkopierung stattfand. Verdecken Sie zuerst den rechten Rand der Seite.

vĭrĭdu >	afrz. vert	Synkopierung
dēbĭta >	afrz. dęte (nfrz. dette)	Synkopierung
pĕdĭca > „Fußfessel"	afrz. la piege (nfrz. le piège) „Falle"	Diphthongierung
*mŏvita > (statt mōta)	afrz. muete „bewegt" (Part.) (> nfrz. meute „Meute")	Diphthongierung
*cōsĕre > (statt cōnsŭĕre, vgl. 2.2)	afrz. cosdre „(an)nähen" > [kudrə]	Synkopierung, nfrz. coudre, ou nur Schreibung für [u]
dŭbĭtat > >	afrz. dote(t) „er zweifelt" [dutə] > [dut]	Synkopierung, nfrz. il doute, ou nur Schreibung
cŭbĭtu(m) > „Ellenbogen"	afrz. code (> [kud])	Synkopierung, nfrz. coude, ou nur Schreibung
*crĕmĕre > (statt trĕmere) afrz. Nebenform criendre (> craindre) analog zu ceindre, plaindre etc.	afrz. criembre (fürchten)	Diphthongierung (spontan)
trĕmŭlat >	afrz. tremble	Synkopierung

4.5 Darmestetersches Gesetz

Neben den Proparoxytona gibt es auch andere lange Wörter, in denen eine Synkopierung stattfindet. Vier- und mehrsilbige Wörter haben meist zwei Vortonsilben, z. B.

forteménte < forte mente.

Auf der ersten Silbe liegt ein Nebenakzent (`): fòrteménte; fòr– ist eine „nebenbetonte" Vortonsilbe. – Zwischen der Silbe mit Nebenakzent und der Silbe mit Hauptakzent (Hauptton) liegt die unbetonte Vortonsilbe, hier: –te–.

Das *Darmestetersche Gesetz*, nach dem Romanisten Arsène Darmesteter, lautet nun: Unbetonte Vortonvokale verstummen – außer unbetontem a, das zu e wird. (In vielen Fällen könnte man auch formulieren: Unbetonte ganze Vorton*silben* fallen ...)

Beispiel:

    bònitáte(m)   >   bontet, später bonté
    fòrteménte   >   *fortmente > forment (Al 22)

Übung

    vèritáte(m)   >   vertét, verté (nfrz. vérité, forme refaite)
    cívitáte(m)   >   citet, cité (Al 13)
    ànte-cessóres >   ancessórs (Al 5: anceisurs)
    (Akk.)
  *ànte-cessóri >   ancessór (Al 12: anceisur)
    (Nom.)

Bei m–l, m–r entsteht wieder der Gleitlaut [b]; nebentoniges [ŭ] > [o], [ĭ] > [e].

Beispiel: cŭmuláre > combler, cumbler

Übung

    trèmuláre   >   trembler „zittern"
    remèmoráre >   remembrer „wachrufen", à qn. „sich entsinnen" (Al 57)
    sĭmuláre   >   sembler „scheinen, gleichen" (Chrét.: sanbler)
  *assĭmuláre   >   as(s)embler „vereinigen, versammeln" (Chrét.: assanbler)
                 Al 45: faire ~ „verheiraten"

Unbetontes [a] bleibt als [ə], geschrieben e, erhalten:

Beispiel:

    bèllaménte   >   belement (Al 48: „in schöner Weise, feierlich")

Übung

    gènitaménte >   gentement (Al 47: „auf anmutige, vornehme Weise")
    (intervokalisches [t] > [ð], geschrieben d oder th > –)
    àrmatúra(m)   >   armëure „Rüstung"
    càntatóre(m)   >   chanteór „Sänger"
    ĭmpèratóri   >   empere(d)ór, –úr „(die) Kaiser"

Zur Wiederholung

Das bereits behandelte Gesetz der unbetonten Endsilbenvokale (vgl. 1.3.1) entspricht dem Darmesteterschen Gesetz: die unbetonten Vokale verstummen, außer [a] > [ə], geschrieben e:

56

nīdu(m)	>	nid „Nest"
ĕrit	>	iert, ert „wird sein"
cánto	>	chant „ich singe"
cántet	>	chant „er singe" (Subj.)
cántat	>	chante(t) „er singt" (Ind.)
dóna!	>	done! „gib!" (Al 25)

Verdecken Sie wieder die rechte Seitenhälfte. Welche altfranzösischen Wortformen entstehen aus den folgenden lateinischen Wörtern?

mólere „mahlen"	moldre > moudre
absól(v)ere „freisprechen von"	absoldre > absoudre
cálida „warm, heiß", fem.	chalde > chaude
cálidu(m), mask. Akk.	chalt > chaut (nfrz. chaud)
cálidus, mask. Nom.	chalz > chauz
trémulat „er zittert"	tremble(t), Chrét.: tranble
cómite(m) (> „Graf")	comte, conte
géneru(m) „Schwiegersohn"	gendre
taléntu(m) (> „Wunsch")[34]	talent
talénta (> „Wunsch, Lust")	talente
lítteras „Schrifttum"	letres
impèratóre(m) „Kaiser"	empere(d)or, –ur
	(–d-- oder –th--Graphie für [ð])
náta „geboren", fem.	ne(d)e, ne(th)e (Al 41, nfrz. née)
nómen „Namen"	nom (R 1188: num, 43: nun
	vor dentalem [d])
béllu(m) „schön"	bel
bélla „schön", fem.	bele
nà(vi)célla „Kahn"	nacele
certas „entschieden,	certes „sicher, gewiß" (adv.)
unbestritten"	

4.6 Einige Auswirkungen der Sprachstrukturen auf die Metrik

Dadurch, daß das [a] der unbetonten Endsilben als [ə] (geschrieben e) erhalten
bleibt und vielen Wörtern, die sonst mit einer Konsonantengruppe enden
würden, ein Stütz-[ə] angefügt wird, behält das Altfranzösische neben den
Oxytona auch *Paroxytona,* also nach der Lage des Haupttons zwei Arten von

Wörtern. Diese Zweiheit gehört zu den Hauptmerkmalen der altfranzösischen Sprachstruktur.

Für die Metrik bedeutet dies, daß neben den „männlichen" Assonanzen und Reimen (Oxytona, z. B. Al 11f. salver – crïstïentét, L 3f. cortois – rois) auch *„weibliche" Assonanzen und Reime* möglich sind (Paroxytona, z. B. Al 16ff. pedre – ere[n]t – emperere – honurede, L 7f. Gales – sales). „Weiblich" werden diese Gleichklänge genannt, weil in ihnen feminine Substantive oder Formen (z. B. sales, honurede) häufig vorkommen. Die „weiblichen" Endungen, die ein –[ə] enthalten, zählen jedoch nach der Zäsur und am Versende nicht:

1 2 3/4 5 6 7 8 9 10
Dreit a Lalice – ço fut cité mult bele Al 81

Der Achtsilber des höfischen Romans hat keine Zäsur. Hier zählt nur eine „weibliche" Endung am Versausgang nicht:

1 2 3 4 5 6 7 8
ou dameiseles ou puceles L 10

Erst im 16. Jahrhundert (Ronsard) und Anfang des 17. Jahrhunderts (Malherbe) wurde die feste Regel aufgestellt, daß männliche und weibliche Reime stets abzuwechseln hätten (sog. Alternanzregel). Etwa in der Mitte des 17. Jahrhunderts jedoch verstummte das auslautende –[ə] in der gesprochenen Sprache und wurde zum „e muet"[35]. Erst seitdem ist die *Oxytonie* ein Strukturmerkmal des Neufranzösischen, ein wesentliches Charakteristikum, das es scharf von anderen romanischen Sprachen und z. B. auch vom Englischen und Deutschen unterscheidet.

Die Alternanzregel aber mußte nun, nach dem Schwund des –[ə] außer in bestimmten Ausnahmefällen, als doppelt arbiträr erscheinen[36]. Dies trug wahrscheinlich dazu bei, daß sie später von vielen Autoren aufgegeben wurde. Nur in der künstlerischen Rezitation von Versen, die die Normen der klassischen französischen Metrik beibehalten, wird das –[ə] der Silbenzahl halber meist noch gesprochen, jedoch kaum am Versschluß, weil hier die „weibliche Silbe" ebenso wie im Altfranzösischen nicht mitgezählt wird.

4.7 Schichten des französischen Wortschatzes

Der alt- und neufranzösische Wortschatz ist in seinen lautlichen Formen nicht einheitlich, sondern in drei Schichten gestaffelt:

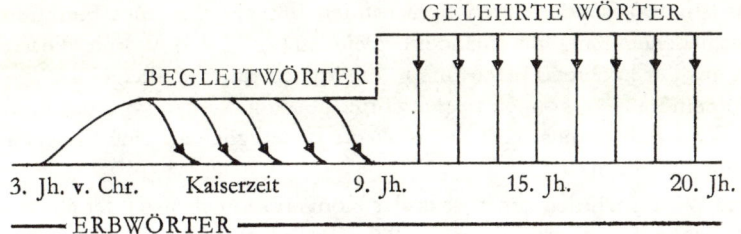

GELEHRTE WÖRTER

BEGLEITWÖRTER

3. Jh. v. Chr.   Kaiserzeit   9. Jh.   15. Jh.   20. Jh.

—— ERBWÖRTER ——————————————

Hinzu kommen keltische Substratwörter, germanische Superstratwörter und Lehnwörter aus anderen Sprachen, z. B. dem Angelsächsischen bzw. Englischen[37]).

4.7.1 Erbwörter

Wörter, die unmittelbar aus dem Sprechlatein stammen, heißen Erbwörter (frz. mots populaires). Da sie kontinuierlich weiterlebten, unterlagen sie allen lautlichen Entwicklungen. Die Proparoxytona z. B. sind synkopiert und zeigen die normalen Lautveränderungen:

núm(e)ru(m) > nombre (vgl. 1.3.2 und 4.3.2)
cám(e)ra   > chambre (vgl. 4.3.2 und 5.8)

Die Paroxytona haben ebenfalls den Hauptakzent auf derselben Silbe wie im Lateinischen, und der unbetonte Vortonvokal ist geschwunden:

símulare   > sembler (vgl. 1.3.2 und 4.5)
cúmulare   > combler (vgl. 1.3.2 und 4.5)

Die Erbwörter bilden den Grundstock des alt- und neufranzösischen Wortschatzes. Aus ihnen wurden, namentlich in alt- und mittelfranzösischer Zeit, zahlreiche Ableitungen und Zusammensetzungen gebildet, die diesen Grundstock erweiterten, z. B. chambrete „kleine Kammer", semblant „Miene etc.", ressembler „seinerseits scheinen, (wiederum) scheinen, ähnlich sein, gleichen" und daraus wieder weitere Wörter, z. B. ressemblance „Ähnlichkeit".

4.7.2 Begleitwörter

Neben den Erbwörtern gibt es Wörter, die nur einen Teil der lautlichen Veränderungen mitgemacht haben. Sie stammen aus der Zeit zwischen Augustus und Karl dem Großen, als das klassische Latein bzw. dessen Weiterentwicklung und das Sprechlatein bzw. dessen Weiterentwicklung noch in engem Kontakt standen. Es handelte sich zu dieser Zeit noch nicht um zwei Sprachen

59

(frz. langues), sondern zwei Sprachstufen mit verschiedener Funktion und verschiedenem Rang, die einander begleiteten (vgl. 1.2.3). Wörter, die in dieser Zeit aus der höheren Sprachstufe in die Sprachstufe der alltäglichen Konversation eindrangen, können Begleitwörter genannt werden (vgl. das Modell in 4.7, der frz. Terminus mots demi-savants ist lediglich als eine Verlegenheitslösung anzusehen).

Diese Wörter wurden zunächst in der Konversation ebenso oder ähnlich ausgesprochen, wie sie damals in der höheren Sprachstufe (z. B. im Schulunterricht und in der Kirche in Predigt und Ritual) klangen, z. B.

*[(h)úmələ] oder [(h)ymələ] statt hŭmĭlem
*[ándʒələ]　　statt ăngelum
*[diábələ]　　statt diábolum
*[imádʒənə] statt ĭmāginem

Nach ihrer Übernahme entwickelten sich diese Wörter nach den Regeln der niederen Sprachstufe weiter: die Proparoxytona z. B. wurden früher oder später zu normalen Paroxytona, und zwar entweder durch lautgesetzliche Synkopierung

*[(h)ymələ]　> humble (vgl. 4.3.2, mil > mbl)
*[ándʒələ]　　> angle (Schreibung –ge in angele für [dʒ])[38]
*[diábələ]　　> diable ([b] > [v] > [w] = [ṷ]: diaule in der Eulaliasequenz)

oder durch Kürzung um die letzte Silbe:

*[ándʒələ]　> ange
*[imádʒənə] > image

Als Erbwort hätte z. B. hŭmĭlem *omble (vgl. 1.3.2 und 2.2) lauten müssen.

4.7.3 Gelehrte Wörter　*mots savants*

Während der karolingischen Renaissance wurde versucht, die höhere Sprachstufe der Bildung, der Predigt und des Rituals in ihrer Aussprache wieder der Aussprache des klassischen Lateins anzunähern. Dabei mußte freilich der Hauptakzent oft auf eine bisher neben- oder unbetonte Silbe gelegt werden, damit ein geschriebenes i, a, o etc. niemals [ə], sondern deutlich als [i], [a] etc. lautete. So entstanden Lautungen, die dem Volk völlig ungewohnt, ja unverständlich waren:

statt [fém(ə)nə]: [feminá],
statt [(h)ym(ə)lə]: [(h)ymílem].

60

Die niedere Sprachform mußte daher in der Predigt zugelassen werden. Sie
riß Schritt für Schritt bestimmte Funktionen der Hochsprache an sich und
wurde sogar literaturfähig. Aus zwei Sprachstufen, die einander in relativ geringem Abstand begleiteten, entstanden so zwei verschiedene Sprachen: die
lingua latina und die lingua romana rustica, deren in verschiedene Dialekte
gegliederte nordfranzösische Variante das war, was wir heute „Altfranzösisch"
nennen[39]).

Um in die Funktionen der Hochsprache hineinzuwachsen und damit auch ihre
Ausdrucks-Differenziertheit zu erreichen, mußte sich das Französische jedoch
zahlreiche lateinische Wörter eingliedern. Der einfachste Weg war, die lateinischen Wörter so zu übernehmen, wie sie seit der karolingischen Renaissance
gesprochen und *geschrieben* wurden und höchstens die Endung der Wörter der
eigenen Sprache anzupassen. Wörter, die auf diese Weise ins Französische integriert worden sind, heißen gelehrte Wörter (mots savants), z. B.

nōbilitátem – afrz. nobilitét (Al 14)
hŭmilitátem – afrz. humilitiet (bereits im Leodegarlied, etwa um 1000)
(in beiden Formen in Frankreich mit [y] gesprochen)

oder ohne Anpassung der Endung:

Deus – afrz. Deus (Al 7)
angelus – frz. angélus (17. Jh.)

Wenn zwei Wörter mit verschiedenen Formen aus dem gleichen Etymon stammen, so spricht man von Dubletten. Der Formunterschied wurde häufig auch
zur Bedeutungsunterscheidung ausgenutzt.

Einige Beispiele:

lt. sĭmulare > Erbwort sembler „scheinen"
Gel. Wort simuler „vortäuschen"
lt. cŭmulare > Erbwort combler „auffüllen, überhäufen"
Gel. Wort cumuler „anhäufen, mehrere Ämter gleichzeitig bekleiden"
lt. hŭmilis > Begleitwort humble „demütig, bescheiden"
Gel. Wort humile (nicht mehr erhalten)
lt. ăngelus > Begleitwort ange(le) „Engel"
Gel. Wort angélus „Angelus-Gebet, Angelusläuten"

5 Konsonantismus II

Im folgenden Kapitel wird versucht, die Palatalisierung von Konsonanten zu erklären und ihre Bedeutung für die französische Sprachgeschichte zu zeigen.

5.1 Hiatus-i

Während ein Diphthong die Kombination zweier Vokale in einer Silbe ist (z. B. klt. au–rum), ist ein Hiatus die Aufeinanderfolge zweier Vokale, die zu verschiedenen Silben oder sogar Wörtern gehören (z. B. klt. vĭ–a, ra–ti–o–ne, pulchra est). Ein i, das in einer solchen Folge vorkommt, heißt Hiatus-i.

5.2 Palataler Reibelaut

Im Sprechlatein sprach man in vielen Lautverbindungen nicht das klt. Hiatus-i, sondern einen palatalen Reibelaut, und zwar entweder [j] oder [ç] (wie in dt. echt [eçt], also die stimmlose Entsprechung zu dem stimmhaften [j], nicht etwa [s] wie in der nfrz. Schreibung façon). Nach stimmhaften Konsonanten wurde [j] gesprochen (z. B. klt. ra–di–um – slt. ra–dju), nach den stimmlosen Konsonanten [t] und später auch [k] der Laut [ç] (z. B. klt. ra–ti–o–nem – slt. ra–tço–ne). Die beiden palatalen Reibelaute waren nur kombinatorische, also von der Lautumgebung abhängige Varianten des Phonems J (vgl. [Fabjǫ], Eigenname im Dativ, geschrieben Fabio, [fakçǫ] „ich mache", geschrieben facio, vs factǫ „ich verrichte"). Sie werden daher der Einfachheit halber durch das gemeinsame Zeichen i̯ wiedergegeben, z. B. facio, Fabio, ratione, radiu.

5.3 Palatalisierung von Konsonanten

Der palatale Reibelaut wirkte auf die Aussprache des jeweils vorangehenden Konsonanten ein. In –ti̯–, –di̯– wurden [t] und [d] nicht mehr nur mit der Zungenspitze am Rand der Schneidezähne artikuliert (d. h. als normale reine Dentale), sondern zugleich hob sich die Vorderzunge gegen den Vordergaumen (palatum), wie bei der Bildung von [j] und [ç]. So wurden [t] und [d] palatalisiert (in der Transkription wiedergegeben als [t'], [d'])[40].

Übung

Versuchen Sie mehrmals, ein palatalisiertes [t'] und [d'] zu sprechen, indem Sie nicht nur die Zungenspitze gegen die oberen Schneidezähne, sondern gleichzeitig einen Teil der Vorderzunge gegen den Vordergaumen pressen und dann die Silben ta und da sprechen.
Die entsprechende Lautung ist: [t'a], [d'a].
Üben Sie nunmehr, mit der Zungenspitze leicht von innen die unteren Schneidezähne zu berühren und den dabei entstehenden breiten Verschluß zwischen dem vorderen Zungenrücken und dem palatum nicht sofort aufzuheben, sondern erst allmählich zu lockern, so daß als Übergang zu [a] ein Reibelaut [ç] bzw. [j] entsteht.
Hierdurch bilden sich die Lautungen [t'ça], ähnlich wie in dt. tja!, und [d'ja]. Diese Umschrift ist freilich nicht ganz korrekt, wenn der Verschluß nur mit dem vorderen Zungenrücken, nicht zugleich mit der Zungenspitze gebildet wird. In Wirklichkeit verschmilzt außerdem das „t" mit dem [ç], ebenso das „d" mit dem [j] zu einem Verschlußreibelaut, der in einer Lautzeit gesprochen wird, also zu einer Affrikata.
Solche Affrikaten entstanden auch im Sprechlatein. Da das i̯ ([j] bzw. [ç]) die unmittelbar vorangehenden Laute palatalisierte, also sich anglich, liegt hier eine partielle Kontakt-Assimilation vor.
Durch die Wirkung des i̯ erweiterte und verlagerte sich entsprechend der Artikulationsort der weiter hinten (mediopalatal oder velar) gebildeten Laute [k] und [g] (z. B. faci̯o, *faci̯a) zum Vordergaumen, z. B. [fak'ça][41]). Dies ist ebenfalls eine Palatalisierung und, allgemeiner, eine Assimilation.

5.4 Weitere Entwicklung palatalisierter Gruppen

Es handelte sich zuvor darum, den Begriff der Palatalisierung zu verstehen. Die weitere Entwicklung ist im einzelnen sehr kompliziert; sie kann hier nur kurz an Hand zweier Beispiele umrissen werden.
Wie entstand aus [fak'ça] afrz. [fatsə], geschrieben face? Wahrscheinlich auf folgendem Wege:
([–ki–] > [–k'ç–]) > [–t'ç–] > afrz. [–ts–] (> nfrz. [–s–]), also [faki̯a], geschrieben *facia, > [fa(k)k'ça] > [fat'çə] > afrz. [fatsə], geschrieben face (> nfrz. [fas]).
Wie entstand aus [rat'çonə] afrz. [raizon] bzw. in frühen anglonormannischen Texten [raizun], geschrieben raison, raisun ([z] = stimmhaftes s)?
Lausberg nimmt folgende Stufen an[42]):
([–ti̯–] > [–t'ç–]) > [–t'z'–] > [–ð'z'–] > afrz. [–i̯z–],

also nach der Palatalisierung und unter Beibehaltung der palatalisierten Aussprache: eine Assibilierung ([t'z'], d. h. Entwicklung eines Zischlautes), Sonorisierung und zugleich Spirantisierung ([t] > [ð], d. h. „Stimmhaft-Werden" und Entstehung eines Reibelautes, hier [ð] wie in engl. the) und schließlich Entwicklung eines Halbkonsonanten (Halbvokals, [ð] > [i̯]).

5.5 k und g vor palatalen Vokalen

Bei klt. ce–, ci–, ge–, gi im Wort- oder Silbenanlaut (und ohne folgenden Vokal in der gleichen Silbe) entwickelte sich zwischen Konsonant und palatalem Vokal ein *neuer* Gleitlaut i̯:

cĕntŭ(m) [kentu] „hundert"   > [kçẹnto],
racēmu(m) [rakeːmu] „Weintraube" > [rakçẹmo].

Auch hier erfolgte Palatalisierung ([k'ç], die Vorderzunge preßt sich zunächst ganz an den Vordergaumen, die Zungenspitze berührt dabei die unteren Schneidezähne) und später eine ähnliche Entwicklung wie bei den Wörtern, die bereits ein i̯ enthielten:

([ke–] > [kçe–]) > [k'çe–] > [t'çe–] und über eine Übergangsstufe [tʃe–] > afrz. [tse–] (centum > [tsɛnt], geschrieben cent)

([–ke–] im Inlaut > [–kçe–]) > [–k'çe–] > [–t'çe–], und über die Stufen [–(t)ʃ–] > [–(d)ʒ–] > afrz. [–i̯z–] (racēmu > raisin)[43].

Die aus klt. [ke–], [ki–] entstandene Lautung [tse–], [tsi–] ist also bereits romanisch; diese Aussprache von centum, cera, cinque im Lateinunterricht und in Lehnwörtern wie dt. Zelle (< cella), zivil (< civilem), die das Deutsche aus dem romanischen Sprachgut übernommen hat, entspricht nicht der klt. Aussprache.

Die Schließung des Vokals [ē] zu [i] in cēra > cire, mercēde > merci(t) erklärt sich aus dem Einfluß der slt. palatalen Lautung [kç] bzw. [k'ç], oder in verallgemeinernder Umschrift ki̯ bzw. k'i̯ (vgl. 2.1.1 und 5.2).

Ebenso: gĕlāre > [gj–] > [dj–] > [dʒ–], afrz. geler [dʒəlɛːr].

5.6 Wichtigste Ergebnisse der palatalisierten Affrikaten im Überblick

Die palatalisierten Affrikaten k'i̯, t'i̯, g'i̯, d'i̯ (sowie i̯, das im Wortanlaut zu d'i̯ wurde) zeigen je nach ihrer Position im Wort verschiedene Ergebnisse.

Das Zeichen Schr. bedeutet: häufige Schreibung im Altfranzösischen. Wenn zwei häufige Schreibungen für dieselbe Lautung existieren, wird die Schreibung mit größerer Frequenz zu Beginn angegeben.

slt.	Im Wortanlaut oder im nachkons. Silbenanlaut	Inter-vokalisch	In der lat. Endsilbe vor –e, –o, –u[1])
k'i̯, t'i̯	[ts] Schr. c, ç	[i̯z][2]) Schr. is	k'i̯ > [its] Schr. iz t'i̯ > [is] Schr. is
g'i̯, d'i̯, i̯	[dʒ] Schr. j, g(e)	[i] Schr. i	[i] Schr. i

1. Diese Endsilbenvokale verstummen später, vgl. 1.3.1.
2. Bei k'i̯ gilt dieses Ergebnis [i̯z] nur für intervokalisches k mit *neuem* Gleitlaut i̯, z. B. racēmu > rak'i̯emo. Wörter mit altem Gleitlaut i̯, z. B. *faci̯a, *minaci̯a lauteten wahrscheinlich slt. [fakk'i̯a], [menakk'i̯a], so daß k'i̯ nicht mehr intervokalisch war, sondern Silbenanlaut nach Konsonant.

In der Entwicklung zum Neufranzösischen werden die Affrikaten [ts] und [dʒ] später vereinfacht zu den Lauten [s] und [ʒ]; und bereits früh werden die in Verbindung mit [its], [i] etc. neu entstehenden Diphthonge zu Monophthongen – z. T. mit vorausgehendem Reibelaut – reduziert.

Übung

Lesen Sie die folgenden Beispiele und sprechen Sie die altfranzösischen Formen so aus, wie es in diesem Überblick angegeben ist. Das Zeichen k'i̯ V bedeutet: k'i̯ plus Vokal, entstanden aus ki̯ plus Vokal (geschrieben ci̯o etc.).

	Im Wortanlaut oder nachkons. Silbenanlaut	Intervokalisch	In der Endsilbe vor –e, –o, –u·
k'i̯ V	arci̯one(m) > arçon *fa(c)ci̯a > face		faci̯o > faiz, faz
t'i̯ V	*bletti̯are > blecier forti̯a > force	ratiōne(m) > raison prĕti̯at > *prieiset > prise(t)	palati̯u(m) > palais prĕti̯u(m) > *prieis > pris
kē >	cēra [kēra] >	placēre >	vōce(m) >
k'i̯e	*[k'i̯era] > cire	*[plak'i̯ere] > plaisir	*[vok'i̯e] > voiz
g'i̯ V	Gĕorgi̯us > Georges [gi̯orgi̯us] > [dʒordʒəs]	regione(m) > reion	exagi̯u(m) > essai
d'i̯ V	di̯ŭrnu(m) > jorn	ĭnodi̯áre > enoier	audi̯o > oi „ich höre" hodi̯e > oi „heute"
ge, gi > g'i̯e, g'i̯i	gĕnte(m) > *[g'i̯ẹnte] > gẹnt, jant	rēgīna > *[reg'i̯ina] > reïne (3 Silben)	rēge(m) > *[reg'i̯e] > *rẹi̯e > rei, roi

65

In vŏce, rēge wird also der betonte Vokal nicht spontan diphthongiert. Der Diphthong in afrz. voiz und rei, später roi, entsteht vielmehr, weil sich auf Grund der Palatalisierung von k und g neue Lautungen wie [its] und [i] entwickelten.

Zum gleichen Diphthong führte die Palatalisierung von lt. [–ks], geschrieben x: vox [voks], Nominativ > *[voçs] > vois, dann analog zur Akkusativform: voiz; rex [reks], Nominativ, > *[reçs] > reis, rois. – Auch lt. [–kt–] wurde auf diese Weise palatalisiert:

nŏcte(m) > *[nǫçte] > *nuoi̯t > nuit
făctu(m) > *[façto] > fait (Partizip)

Ob die Palatalisierung von [–ks] und besonders [–kt–] auf keltischen Einfluß zurückzuführen ist, bleibt fraglich[44]).

Ebenso wie sich intervokalisch –ti̯– zu [iz] entwickelt (ratione > raison), so auch –si̯– zu [iz] (bāsiāre > baisier, mānsi̯ōne > *masi̯one > maison) und mit Zungen-r gesprochenes –ri̯– zu [ir] (vări̯u > vair, fēri̯a > feire, nfrz. foire). Die labiale Elemente enthaltenden Gruppen –bi̯– und –vi̯–, deren Verschlußlaute vom palatum entfernter waren, entwickeln sich dagegen über –bdi̯– bzw. –vdi̯– zu afrz. [dʒ], nfrz. [ʒ] (tībi̯a > tige, căvi̯a > cage)[44a]).

5.7   Die Gruppen li̯-, ni̯-

Ebenso wie ti̯-, di̯-, ki̯-, gi̯- vor Vokal wurden auch die meisten anderen Verbindungen von Konsonant und i̯ vor Vokal zu palatalisierten Lautungen, darunter li̯ und ni̯. Spricht man l und n so aus, daß die Zunge nicht nur die Alveolen (bzw. bei n die Schneidezähne) berührt, sondern gleichzeitig auch den Vordergaumen, so entstehen die palatalisierten („mouillierten") Konsonanten [l'], auch als [ʎ] transkribiert, und [n'], auch als [ɲ] transkribiert.

lt. li̯ plus Vokal > afrz. [ʎ] plus Vokal

Beispiele:

mĕli̯ōre(m)   > afrz. [meʎour], norm. [meʎur]
fīli̯u(m)   > afrz. [fiʎ]
fīli̯a   > afrz. [fiʎə]

Das [ʎ] wird in altfranzösischen Texten meist il, ill bzw. nach i < klt. ī nur l, ll geschrieben: meillour, (anglo)normannisch meillur (das i wird nicht gesprochen, sondern gehört zur Graphie), fil, fille.

(Ein [ʎ] kann aber auch aus palatalisiertem kl, gl, jl, besonders nach Synkopierung, entstehen, z. B. aurĭcŭla > *ǫrękla > oreille, sōlĭcŭlu(m) > *sǫlęklo > soleil, *bajula > baille „Burghof").

Im 17. Jahrhundert wurde das [ʎ] zu [j], aber die Schreibungen il, ill, ll blieben erhalten: meilleur [mejœːr], fille [fij], soleil [sɔlɛj], baille [baːj], neu entlehnt aus ital. baglia „Kübel".

lt. nį plus Vokal > afrz. [ɲ] plus Vokal

Beispiele:

Brĭtănnįa > [bretaɲə]
sĕnįōre(m) „älter" > [seɲǫur] „Herr"

Das [ɲ] wird in altfranzösischen Texten auf viele Weisen geschrieben; am häufigsten sind gn und ign: Bretagne, Bretaigne, seigno(u)r – nfrz. seigneur [seɲœːr]. Es ist der einzige palatalisierte Konsonant, der keine weiteren Veränderungen erfuhr und sogar in der neufranzösischen Hochsprache erhalten blieb. Konservative Dialekte und das français populaire kennen hingegen auch andere palatalisierte Konsonanten.

5.8 k und g vor a

Ebenso wie zwischen lt. k, g und e oder i entwickelte sich auch zwischen lt. k, g und a ein neuer Gleitlaut į, wenn k oder g den Wort- oder Silbenanlaut bildeten.

Die weitere Entwicklung folgt (auch chronologisch) der Entwicklung des k und g vor e bzw. i und entspricht ihr deshalb:

(k > kį) > [k'ç] > [t'ç] > etwa im 8./9. Jahrhundert [tʃ],

cantare > *[kįantare] etc. > afrz. chanter [tʃänter], nfrz. [ʃäte];

(g > gį) > [g'j] > [d'j] > [dʒ],

gamba > *[gįamba] > afrz. jambe [dʒämbə], nfrz. [ʒãb].

Wichtig ist für das Altfranzösische:

lt. cà]– > [tʃa], geschrieben cha
cá]– > [tʃa], geschrieben cha
cà[– > [tʃə], geschrieben che
cá[– > [tʃie], geschrieben chie
ga– > [dʒa], geschrieben ja
–ga > [dʒə], geschrieben ge

(Steht nur eine eckige Klammer, so bedeutet a] = a in gedeckter Stellung, a[= a in freier Stellung, vgl. 1.3.2 und 1.3.3.)

Beispiele:

càntáre > [tʃänter] chanter
cám(e)ra(m), synkopiert > [tʃämbrə] chambre

càbállu(m) > [tʃəval] cheval
cáne(m) > [tʃiễn] chien, später [ʃjễn, ʃjễ]
*gámba > [dʒãmbə] jambe
larga   > [lardʒə] large

In der Wandlung von cá[zu [tʃie] wird das betonte a in freier Stellung also nicht, wie gewöhnlich, zu e, sondern diphthongiert zu ie. Dieses Phänomen gehört zum sogenannten Bartschschen Gesetz: Geht ein palatales Element dem á[voraus, so wird a zu ie. Das palatale Element bewirkt also eine partielle Assimilation: es verwandelt den neutralen Vokal a in einen palatalen Diphthong. Meist stammt es aus der späteren Entwicklung von lt. k (k'i̯ > t'i̯, vor Konsonant: i) oder von lt. i̯. Einige Beispiele für Wörter, die vom Bartschschen Gesetz beeinflußt wurden: cárum > afrz. chier, tractáre > afrz. traitier, adi̯utáre > afrz. aidier. (Dagegen blieb k in locáre, secúru wegen der umgebenden Vokale o und u velar und verstummte nach einer Zwischenstufe u̯: lŏcāre > afrz. loer, louer, secúru > afrz. sëur > sûr.)

Im Normannischen und Anglonormannischen (auch in der Vendée und im Pikardischen) erfolgte keine Palatalisierung von cá] > cha, vielmehr blieb dort die lateinische Lautung [ka–] in der Regel erhalten. (In freier Stellung wurde ca[entweder zu [ke] oder zu [tʃe], geschrieben che.) Daher weisen Alexiuslied und Rolandslied viele Formen mit ca–, ka– oder ke– auf, wobei c und k nur verschiedene Schreibungen für den Laut [k] sind:

Al 582	cape	< CAPPA (statt chape)
Al 74	cambre	< CAM(E)RA (statt chambre)
Al 61	cambra	in latinisierender Schreibung
Al 130	ker	< CARUS (statt chier), daneben Al 106 cher
R 1	Carles	< CAR(O)LUS (statt Charles)
R 2877	Karles	
R 4	castel	< CASTELLU(M) (statt chastel)

Noch heute findet sich diese Lautung in einigen patois der Normandie. In ihnen entwickelte sich z. B. lt. CATTU(M) „Katze" (Akk.) nicht zu [ʃa] chat, sondern erhielt sich als [ka] [44b]).

5.9   Konsonantische Phoneme

Da das Altfranzösische nur schriftlich überliefert ist, lassen sich die Phoneme der gesprochenen Sprache nur auf dem Umweg über die Schreibweise erschließen. Zudem gibt es nicht *das* altfranzösische Phonemsystem, sondern jeweils nur ein relativ einheitliches regionales System zu einer bestimmten Zeitstufe, z. B. eine archaische Stufe des Phonemsystems der Champagne (etwa in der 1. Hälfte des 12. Jahrhunderts), dessen konsonantischer Teil im folgenden an Hand von Wörtern und Formen des archaisierenden Autors Chrétien de Troyes zu skizzieren versucht wird[45]).

5.9.1 Auswirkungen der Palatalisierung auf das Phonemsystem

Die palatalen Konsonanten ʎ, ɲ und j und die aus palatalisierten Lautungen entstandenen Affrikaten tʃ und dʒ sind feste Bestandteile dieses Phonemsystems:

/malə/	male	„Truhe"	–	/maʎə/	maille	„Panzerring"
/fil/	fil	„Faden" (Obl.)	–	/fiʎ/	fil	„Sohn" (Obl.)
/anɛl/	anel	„Fingerring"	–	/aɲɛl/	aignel	„Lamm"

(ebenso die Diminutive anelet – aignelet, zur phonologischen Umschrift der nasalierten Vokale, vgl. 1.3.6)

/donə/	done	„er gibt"	–	/doɲə/	geschrieben doigne, dogne „er gebe" (Subjonctif)
/rajə/	raie	„er/es strahlt"	–	/raʎə/	r'aille „er/es kehre zurück" zu raiier und r'aler
/tʃant/	chant	„Gesang"	–	/dʒant/	jant „Volk"
/tʃəy/	chëu	„gefallen"	–	/dʒəy/	gëu, jëu „gelegen"

Partizipien zu cheoir und gesir; das Trema in der normalen Schreibung bezeichnet Zweisilbigkeit.

5.9.2 Weitere konsonantische Phoneme

Die übrigen konsonantischen Phoneme lassen sich ebenfalls dadurch ermitteln, daß die Ersetzung (Substitution) eines einzigen Elements in einem gleichbleibenden lautlichen Kontext eine Form mit anderer Bedeutung ergibt:

/paʎə/	paille	„Stroh"	/faʎə/	faille	„Irrtum"
/baʎə/	baille	„Burghof"	/vaʎə/	vaille	„tauge"
/maʎə/	maille	„Panzerring"		(Subjonctif 3. Sg.)	

/tonə/	tone	„es erdröhnt"	/pɥisə/	puisse	„ich / er könne"
/donə/	done	„er gibt"	/pɥizə/	puise	„er schöpft"
/nonə/	none	„neunte Stunde"		zu pooir und puisier	

/tʃɑ(s)tə/	chaste	„keusch"	/kizə/	quise	„gesucht" (fem.)
/hɑ(s)tə/	haste	„Eile"	/g(w)izə/	guise	„Weise"
/g(w)ɑ(s)tə/[46]	gaste	„er verwüstet"	/grizə/	grise	„grau" (fem.)
					zu /r/ vgl. 2.4.2

Zu /g(w)ize/guise: fränkisch *[wiza] > afrz. [gwizə], geschrieben guise > später [gizə]; das bei den Romanen im Anlaut nicht übliche bilabiale /w–/ (vgl. engl. wise) wurde in germanischen Lehnwörtern zu /gw–/ verstärkt, ähnlich wie klt. /j/ im Anlaut zu /dʒ/ (jam > [dʒa] ja), und später zu /g/ vereinfacht. Ob das bilabiale /w/, das ein Phonem war (vgl. /gwizə/ – /grizə/), noch während des 12. Jahrhunderts in der Champagne als Phonem existierte, ist ungewiß[47]); daher ist oben das /w/ in Klammern gesetzt.

Das /h/, das im Sprechlatein verstummt war (vgl. 2.2), wurde durch fränkischen Einfluß wieder eingeführt. Während des gesamten Mittelalters und noch im 16. Jahrhundert wurde dieses Phonem in fränkischen Lehnwörtern ebenso wie dt. h– gesprochen und bildete ein wirkliches „h aspiré"; es verstummte erst im 17. Jahrhundert und blieb seitdem lediglich als „Phonem Null", das eine Elision und liaison verhindert, erhalten (z. B. nfrz. le hêtre „die Buche" – l'être „das Sein", les Huns „die Hunnen" – les uns „die einen")[48]).

Daß das Fränkische nicht nur Wörter, sondern auch Phoneme, die (wie /w/) keine stimmlose bzw. (wie /h/) keine stimmhafte Entsprechung mehr hatten, in das Französische einführen konnte, zeigt, daß sein Einfluß nach dem Wechsel von der römischen zur fränkischen Herrschaft nicht nur ein indirekter war, also nicht ausschließlich in der politischen und damit auch sprachlichen Abtrennung Galliens von anderen romanischen Ländern bestand.

Die Affrikata [ts] schließlich wird in den altfranzösischen Texten als c– oder –z geschrieben. Ihre stimmhafte Entsprechung [dz] kommt nur äußerst selten vor (z. B. in onze < undecim). Daher bleibt es eine bloße Wertungsfrage, ob sie als ein Phonem oder als Folge zweier Phoneme zu betrachten ist[49]). Die Opposition s – ts – t erweist sich jedenfalls als sehr ergiebig im Altfranzösischen, z. B. bei Chrétien:

/sə/	se	„sich"	–			
/tsə/	ce	„dies"	–	/tə/	te	„dich"
/sɛl/	sel	„Salz"	–			
/tsɛl/	cel	„jenen, –r"	–	/tɛl/	tel	„solchen"
/sɛrf/	serf	„Knecht"	–	/tsɛrf/	cerf	„Hirsch"
/sans/	sans	„Verstand"	–			
/sants/	sanz	„ohne"	–	/sant/	sant	„ich fühle, er fühlt"
/vois/	vois	„du siehst"	–			
/voits/	voiz	„Stimme"	–	/voit/	voit	„er sieht"
(/vɔis/	vois	„ich gehe")				
/tɔrs/	tors	„gedreht"	–			
/tɔrts/	(li)torz	„Unrecht"	–	/tɔrt/	tort	„Unrecht" („Akk.")
	(li)torz	„Stier"	–		tort	„gedreht" („Akk.")
	(les)torz	„Stiere"				

/mɔrs/ mors „gebissen" –
/mɔrts/ (li)morz „Tod" – /mɔrt/ mort „Tod" („Akk.")
„tot, getötet" (Part.)

5.9.3 Ein Modell der konsonantischen Phoneme

Durch Substitutionen wurde zuvor ein System von konsonantischen Phonemen aus dem Werke Chrétiens erschlossen. Es kann nunmehr in einem Modell dargestellt werden. Von den unterscheidenden Merkmalen der Artikulationsart können in einem zweidimensionalen Modell freilich nur einige (stimmlos, stimmhaft, nasal) angegeben werden, andere lassen sich hierin nicht darstellen (z. B. Verschluß und Reibung bei t, ts, s, Lateral und Vibrant bei l und r). Elemente, deren Erhaltung oder Bewertung fraglich ist, sind in runde Klammern gesetzt.

Merkmale	bi-labial	labio-dental	dental, alveolar	dental-post-alveolar	palatal	dorso-velar	laryngal
stimmlos	p	f	t (ts) s	tʃ		k	h
stimmhaft	b	v	d (dz) z	dʒ	j	g	
nasal	m		n		ɲ		
weitere	(w)		l, r		ʎ		

Die interdentalen Reibelaute [ð] und [θ], die z. B. das Alexiuslied in der anglonormannischen Handschrift L noch bewahrt zeigt und die vielleicht nur kombinatorische Varianten der Phoneme /d/ und /t/ bildeten, sind in keinem Falle mehr Bestandteile des Systems. Weiterhin ist die Leistung der Opposition /ts/ – /dz/ minimal (once < uncia vs onze < undecim), /ts/ ist eher mit /t/ und /s/ kommutierbar und wird zur einzigen wortan- *und* -auslautenden Affrikata. So wird /ts/ zu einem isolierten Element im Phonemsystem, und isolierte Elemente werden stets früher oder später durch solche Elemente ersetzt, die durch Parallelen im System gestützt sind. Dies ist der tiefere Grund für die spätere „Wandlung" von /ts/ zu /s/, das durch das parallele stimmhafte Phonem /z/ gestützt ist (z. B. /tsɛrf/ „Hirsch" > /sɛrf/). Es ist nicht völlig auszuschließen, daß auch die Reduktion von /tʃ/ zu /ʃʃ/, z. B. /tʃant/ > /ʃant/, und von /dʒ/ zu /ʒ/, z. B. /dʒant/ > /ʒant/ in diesem Zusammenhang zu sehen ist und analog zur „Wandlung" von /ts/ zu /s/ erfolgte. Phonologisch betrachtet, handelt es sich hierbei nicht allein um eine lautliche Veränderung, sondern in erster Linie um den phonematischen Ersatz von /ts/ durch /s/. Seine Folgen für die Morphosyntax und den Wortschatz wären einer eingehenden Untersuchung wert[50]).

Anmerkungen zur Lautlehre

[1]) Vgl. Pilch, H.: Phonemtheorie, I. Teil, Basel–New York ²1968, S. 79–91.

[2]) Vgl. Pilch: Phonemtheorie, S. 40–43.

[3]) Vgl. Martinet, A.: Eléments de linguistique générale, Paris ⁷1967, Kap. 1–3; Klein, H. W.: Phonetik und Phonologie des heutigen Französisch, München ²1966, S. 21–28. – Zur Kritik an dieser Auffassung siehe besonders Lüdtke, H.: Die Alphabetschrift und das Problem der Lautsegmentierung, in: Phonetica 20 (1969), S. 147–176.

[4]) Eventuell kann auch das sogenannte „e muet" zu den neufranzösischen Phonemen gezählt werden. Vgl. Lausberg, H.: Rom. Spr. I, § 127 unter 4 A 2 und Martinet, A.: Eléments ..., S. 82.

[5]) Die folgenden Beispiele stammen zumeist aus Rohlfs, G.: Vom Vulgärlatein zum Altfranzösischen, Tübingen ²1963, S. 42.

[6]) Vgl. Sofer, J.: Zur Problematik des Vulgärlateins, Ergebnisse und Anregungen, Wien 1963; Vidos, B. E.: Handbuch der romanischen Sprachwissenschaft, München 1968, Teil II, Kap. 2, bes. S. 272; Lüdtke, H.: Geschichte des romanischen Wortschatzes, 2. Band, Freiburg 1968, S. 78–101.

[7]) Zu oskisch-umbrischen Substrateinflüssen bei der Ausdehnung der römischen Herrschaft und damit auch des Lateinischen siehe u.a. Lausberg, H.: Rom. Spr. I, § 156 und eine kritische Diskussion in Wartburg, W. v.: Die Ausgliederung der romanischen Sprachräume, Bern ²1950, S. 13–19. – Wichtige neuere Arbeiten, die den „Quantitätenkollaps" ausschließlich oder teilweise aus sprachimmanenten, strukturellen Faktoren zu erklären suchen: Lüdtke, H.: Die strukturelle Entwicklung des romanischen Vokalismus, Bonn 1956, bes. S. 51–74; Weinrich, H.: Phonologische Studien zur romanischen Sprachgeschichte, Münster 1958, bes.S. 12–42.

[8]) Die Einordnung des Altfranzösischen in größere historische Zusammenhänge, in die Entwicklungsgeschichte der romanischen Sprachen und speziell des Französischen sollte in jedem Falle Aufgabe des Seminarleiters bleiben; zudem sei auf die angeführte Bibliographie verwiesen.

[8a]) Vgl. Lüdtke, H.: Die Entstehung romanischer Schriftsprachen, in: Vox Romanica 23 (1964), S. 3–21, und Lausberg, H.: Rom. Spr. I, § 272ff. und III/1, § 637. Im Auslaut (ohne folgenden Konsonanten) verstummten die Endsilbenvokale nach Auffassung von G. Straka erst im 7. bzw. 8. Jahrhundert (L'évolution phonétique du latin au français sous l'effet de l'énergie et de la faiblesse articulatoires, in: Travaux de Linguistique et de Littérature II, 1, S. 33ff. und 77).

[9]) Zur Aussprache vgl. 1.3.5. Zu den Formen s. S. 94 unter 7.3.

[10]) Ausführliche Erklärung siehe Lausberg: Rom. Spr. I, §§ 88–93.

[11]) Nach Weinrich vollzieht sich folgender Ausgleich:
Langvokal + Langkonsonant > Langvokal + Kurzkonsonant:
stēlla > stẹ:la, und danach entsprechend
Kurzvokal + Kurzkonsonant > Langvokal + Kurzkonsonant:
mŏla > mọ:la.
Die übrigen Kombinationen (Langvokal + Kurzkonsonant, z. B. sōlus > sọ:lus, Kurzvokal + Langkonsonant, z. B. bŭcca > bọcca) bleiben erhalten.
Die Längung des betonten Kurzvokals in freier Stellung wäre also im Rahmen dieses Ausgleichs und damit der Beseitigung der extrem langen und der extrem

kurzen Quantitätskombinationen zu sehen. Vgl. Weinrich: Phonol. Studien, S. 17 ff.

[12]) Nach Wartburg: Ausgliederung, bes. S. 86, dehnten die Franken dann, wenn sie galloromanisch sprachen, die ohnehin langen Vokale ebensosehr wie in ihrer Muttersprache; auf Grund dieser extremen Dehnung, die die Galloromanen von den Franken übernommen hätten, seien später Diphthonge entstanden. – Strukturalistische Gegenthesen, die von internen Wandlungen im späten Sprechlatein und dessen galloromanischer Weiterentwicklung ausgehen, siehe Lüdtke, H.: Die strukt. Entw..., S. 51 ff. und bes. 211 ff., Weinrich: Phonol. Studien, S. 39 ff. und 175 ff. sowie Rothe, W.: Phonologie des Französischen, Berlin 1972, S. 132–141.

[13]) Ob die Entwicklung des Diphthongs ae zu einem gelängten offenen e den Anstoß zur Wandlung vom Quantitäten- zum Qualitätensystem gab, ist umstritten. Vgl. Weinrich: Phonol. Studien, S. 16.

[14]) Daß wieder eine Diphthongierung geschah, die ja der loi du moindre effort zuwiderläuft, erklärt sich nicht allein aus der Längung betonter Vokale in freier Stellung. Denn nicht in allen romanischen Sprachen werden die gelängten Vokale diphthongiert. Nach Martinet: Eléments, 6–5 bis 6–7, steht der loi du moindre effort das Bedürfnis nach gesicherter sprachlicher Mitteilung gegenüber, das auch zur Vermeidung von Verwechslungen beim Hörer strebt. Vielleicht konnte in der Vorstufe des Altfranzösischen z. B. *[peːnə] < poena „Strafe, Qual" in bestimmten Kontexten mit *[pen(n)ə] < pĭnna „Feder" (Chrétien: pene) verwechselt werden, nicht jedoch die *diphtongierte* Form peine mit pene. Ebenso *[prɛːðə] < *[prɛːda] < praeda „Beute" mit *[prɛːðə] < *prata „Wiesen" (falls nicht *praiðə), i. U. zu preie gegenüber pree. Näheres s. Rothe: Phon. d. Frz., S. 139 f. (jedoch dort zu korrigieren: [–ə] statt [–a], s. auch Straka: L'évol. phon., bes. S. 32 und 77).

[15]) Die Darstellung gründet sich auf Pope, M. K.: From Latin to Modern French, Manchester 1966, bes. S. 171; sie zieht weiterhin Brunot/Bruneau: Précis de grammaire historique, Lausberg: Rom. Spr. I, eine Vorlesung von H. Lüdtke sowie dessen Studie: La versification latine et française à la lumière de la théorie de l'information, in: Actes et Colloques 5 (1968), S. 299–304 heran.

[16]) Zu [ɛ̃] entwickelten sich auch nasaliertes ain, ein (plein < plēnum); nasaliertes ien (bien < bĕne) wird [jɛ̃].

[17]) Vgl. Lausberg: Rom. Spr. I, § 84, II § 411 sowie Pope: From Latin ..., S. 56.

[18]) Vgl. Lausberg: Rom. Spr. I, § 135.

[18a]) Näheres siehe Lausberg: Rom. Spr. II, § 530 sowie Pope: From Latin ..., S. 169, § 435 und S. 180, § 470.

[19]) Vgl. Lausberg: Rom. Spr. I, § 94, II § 353.

[20]) Nach Malmberg, B.: La phonétique, Paris [6]1966, S. 32, Martinet: Eléments, S. 47, und Cohen, M.: Histoire, S. 17.

[20a]) Zu Umschriften dieser Konsonanten nach anderen Systemen als dem der A.P.I. vgl. Straka, G.: Album phonétique, Québec 1965, Beiheft S. 17 ff. sowie Rheinfelder: Afrz. Grammatik I, S. 136 ff. und Lausberg: Rom. Spr. I, S. 21 f.

[21]) Vgl. Lausberg: Rom. Spr. I, § 74.

[22]) Vgl. Lausberg: Rom. Spr. II, §§ 430–435.

[23]) Siehe Pope: From Latin ..., S. 216.

[24]) Siehe hierzu Rohlfs, G.: Einf. in das Studium der rom. Phil., I. Teil, Heidelberg ²1966, S. 26f., 105, 128f.

[25]) Vgl. La Vie de Saint Alexis, ed. C. Storey, Oxford (Blackwell) ²1968, S. XI.

[26]) Vgl. Pope: From Latin ..., S. 197ff., 443ff., 500ff.

[27]) Vgl. Pope: From Latin ..., bes. S. 210, 278, 424, 427ff., 502; Lausberg: Rom. Spr. I, bes. § 182.

[28]) Siehe Rheinfelder: Afrz. Grammatik I, S. 69.

[29]) Vgl. m' und mei in R 1963f. Weitere Beispiele siehe Rheinfelder: Afrz. Grammatik I, S. 69f.

[30]) Vgl. Lausberg: Rom. Spr. I, §§ 88–93, 98–99, 111.

[31]) Vgl. Lüdtke: Gesch. d. rom. Wortschatzes II, S. 93–96. – Entsprechend zeigen auch die Inschriften aus Pompeji z. B. domna statt domina und suspendre statt suspendere, vgl. Väänänen, V.: Le latin vulgaire des inscriptions pompéiennes, Berlin ³1966. – Weitere Literatur siehe Rohlfs: Einf. I, S. 159 und Straka: L'évol. phonét., in: TLL II/1, S. 31ff.

[32]) Vgl. Anm. 31 sowie „Korrekturen" wie speculum non speclum, viridis non virdis in der Appendix Probi, die etwa aus dem Anfang des 4. Jahrhunderts stammt (Rohlfs: Vom Vlt. zum Afrz., S. 27ff.).

[33]) Vgl. Lüdtke: Die strukt. Entw., S. 213f. – Der Begriff der relativen Lautchronologie wird hier absichtlich nicht verwendet, da eine Simultaneität, ein nach Sprachschichten und Sprachregionen gegliedertes Nebeneinander statt eines chronologischen Nacheinanders, prinzipiell stets in Betracht kommt, so daß dieser Begriff erheblich modifiziert werden müßte.

[34]) Zur semantischen Entwicklung von talentum vgl. Gamillscheg, E.: Französische Bedeutungslehre, Tübingen 1951, S. 162.

[35]) Näheres siehe Brunot, F.: Histoire de la langue française des origines à 1900, Bd. IV, S. 190ff. (vgl. Bd. II, S. 244ff.) und Brunot/Bruneau: Précis, S. 599.

[36]) Vgl. Brunot/Bruneau: Précis, S. 599f., 610.

[37]) Siehe Brunot: Histoire I, S. 286ff., Lüdtke: Gesch. d. rom. Wortsch. I und in Wartburg: Französisches etymologisches Wörterbuch u. a. Bd. 16, 17 und 20. Nach Guiraud: L'anc. fr., S. 15 beträgt das Zahlenverhältnis zwischen keltischen Substratwörtern, Erbwörtern und germanischen Superstratwörtern schätzungsweise zu Beginn der afrz. Zeit (mit weiteren Einschränkungen) 50 : 12000 : 400.

[38]) Nach Auffassung von Rheinfelder (Afrz. Grammatik I, S. 57). Eine dreisilbige Lautung ist jedoch nicht völlig auszuschließen, vgl. Rolandslied v. 1163 humeles. Wenn die Mittelsilben solcher Proparoxytona im Vers, z. B. im Zehnsilber, nicht gezählt wurden, so könnte dies auf einen uneinheitlichen Übergangszustand hinweisen, in welchem die aus der Hochsprache vor dem 9. Jahrhundert übernommenen Proparoxytona bereits als Fremdkörper empfunden und den eigenen Paroxytona immer häufiger angeglichen wurden.

[39]) Vgl. Lüdtke, H.: Geschichte d. rom. Wortsch. I, S. 72–74; II, S. 101–111.

[40]) Vgl. Lausberg: Rom. Spr. I, § 67, II § 452f., Rheinfelder: Afrz. Grammatik I, S. 197ff. – Die palatalisierten Laute werden, um eine zusätzliche Belastung zu vermeiden, in der leicht zu erlernenden Umschrift Lausbergs dargestellt, die sich an das Böhmersche System anlehnt. Nur für [l'] und [n'], die auch in der italieni-

schen und spanischen Hochsprache vorkommen, ist später eine Umschrift der API angegeben.

[41]) Vgl. Pope: From Latin …, S. 121, Figures 1–3. Zum Ersatz von facies „Gesicht" durch slt. fa(c)cia siehe ebd. S. 309, § 789 und Rheinfelder: Afrz. Grammatik II, S. 29.

[42]) Rom. Spr. II, §§ 452–453.

[43]) Näheres siehe Lausberg: Rom. Spr. I, §§ 74–79, II §§ 390, 453.

[44]) Wartburg (Ausgliederung, S. 34 ff.) nimmt, ausgehend von gallischen Münzen und Inschriften, keltischen Substrateinfluß an, wie bereits Meyer-Lübke. Straka (L'évol. phonét., TLL II/1, S. 45) sieht den Wandel [–kt–] > [–çt–] im Zusammenhang mit den anderen Ergebnissen von [k] und [g] vor Konsonant und erkennt einem keltischen Einfluß, den er „très vraisemblable" nennt, lediglich eine den Wandel beschleunigende Wirkung zu. – Lüdtke: Die strukt. Entw. S. 99 ff geht der Frage eines Substrateinflusses nicht nach; Weinrich und Haudricourt/Juilland behandeln nicht die Entwicklung von [–kt–] speziell im Galloromanischen.

[44a]) Siehe hierzu die neuen lautphysiologischen Erklärungen bei La Chaussée, F. de: Initiation à la phon. hist. du fr., bes. S. 75–80.

[44b]) Zu der These, die spätere Palatalisierung von k vor a (die nur noch einen Teil der Galloromania erfaßte) habe ansatzweise zunächst auch im Normannischen und Pikardischen stattgefunden, sei dann aber durch germanischen Einfluß rückgängig gemacht worden, s. Vidos: Handbuch d. rom. Spr., S. 269 ff.

[45]) Ausgegangen wurde von Foerster/Breuer: Wörterbuch zu Kristian von Troyes sämtlichen Werken, Tübingen 1964 (unveränd. Neudruck der 2. Auflage) sowie von Reimen in Chrétiens Roman Yvain. Mit einer Ausnahme, nämlich baie, sind alle im folgenden herangezogenen Wörter im genannten Wörterbuch enthalten. Ihre Lautung kann stets bei Pope: From Latin to Modern French (siehe deren Register und deren Beweisführungen) nachgesehen werden; dabei ist freilich zwischen (anglo)normannischen Lautungen wie [duner] und zentralfranzösischen Lautungen wie [dõner], später [dɔne], zu unterscheiden. Zur Opposition von /fil/ – /fiʎ/ siehe Pope, S. 314 (dort in einer bereits auf das späte 12. Jahrhundert bezogenen Tabelle).

[46]) s vor Konsonant verstummte zwischen dem 11. und dem 13. Jahrhundert, vgl. Pope: From Latin …, S. 151; zugleich wurde der Vokal gelängt. Statt [ɑː], wie hier angegeben, kann auch gelängtes [aː] gesprochen worden sein; für die obige Substitution ist dies jedoch nicht von Belang. – Zu /tʃɑ(s)tə/ chaste vgl. nfrz. châtier, châtiment (ohne s). Dieses Begleitwort wurde wahrscheinlich erst seit dem 16. Jahrhundert infolge erneuten gelehrten Einflusses wieder mit s gesprochen, vgl. Pope S. 152.

[47]) Vgl. Rheinfelder: Afrz. Grammatik I, S. 173 ff., Pope: From Latin …, S. 93, 227, 449.

[48]) Vgl. Rheinfelder: Afrz. Grammatik I, S. 178 ff., Pope: From Latin …, S. 15 und 227, Lausberg: Rom. Spr. II, § 334, Klein: Phon. u. Phonol., S. 27 und 121 ff.

[49]) Siehe Martinet: Eléments, S. 32 f. (2–6), 67 f. (3–8) und Pilch: Phonemtheorie, S. 87 f.

[50]) Zum Beispiel wird ce „dies" homophon mit se „sich" und daher zumeist durch

cela > ça ersetzt; le cerf und le serf werden homophon, daher treten andere Wörter, darunter le servant, an die Stelle von le serf. – Bei Berücksichtigung der Unterschiede zwischen Schreibung, Aussprache und Phonemen wäre im Prinzip auch eine Ermittlung des Systems der Vokalphoneme auf die dargestellte Weise möglich (vgl. die Schreibungen mil, mal, miel, mol, none „9. Stunde", none „Nonne" – mit offenem o, met, mat, mot „Wort", mout „viel", muet und mut, letztere zu movoir). Ob der dem [y] ähnliche bilabiale Laut [ɥ] ein Phonem bildet und ob er zu den Vokalen oder den Konsonanten zu zählen ist, läßt sich kaum entscheiden. – Bei den Diphthongen stellt sich freilich – ebenso wie bei den Affrikaten – die Frage, ob sie als ein Phonem oder als zwei Phoneme zu betrachten sind, vgl. Pilch: Phonemtheorie, S. 87 f. – Zum Verhältnis zwischen Schreibungen und Lauten (nicht Phonemen) siehe Gossen, C. Th.: Französische Skriptastudien, Untersuchungen zu den nordfranzösischen Urkundensprachen des Mittelalters, Wien 1967. Die Unterschiede zwischen Schreibungen und Aussprache bestimmter Vokale (einschl. Diphthonge) betont Gossen ebenfalls in seinem Aufsatz: Graphème et phonème: le problème central de l'étude des langues écrites du moyen âge, in: Revue de linguistique romane 32 (1968), S. 1–16.

MORPHOSYNTAX

6 Einleitender Überblick

Die Entwicklung vom Lateinischen zum Neufranzösischen zeigt auf morphologischem wie auf syntaktischem Gebiet allgemeine, gesetzmäßige Züge, die nur durch eine Zusammenschau von Morphologie und Syntax verständlich werden können. Der folgende Überblick, der von einem Textvergleich ausgeht, versucht die wichtigsten Züge im Zusammenhang darzustellen.

6.1 Vergleich zweier Texte

Der Vergleich eines altfranzösischen Originaltextes mit einer neufranzösischen Übersetzung macht viele Eigenarten des Altfranzösischen wie auch des Neufranzösischen sichtbar. Die hier gewählte Textstelle stammt aus Chrétiens Roman Le Chevalier au Lion (Yvain) und enthält einen Dialog zwischen Yvain und Laudine.

Yvain hat Laudines Gatten im ritterlichen Kampf getötet und, durch einen Zauberring unsichtbar gemacht, die schöne Laudine beobachtet und sich in sie verliebt. Laudines Kammerzofe, Lunete, bewirkt durch eine Intrige, daß Laudine gewillt ist, Yvain zu heiraten. In einer komödienhaften Szene kniet nun Yvain gleich einem Knappen oder Vasallen vor Laudine und beteuert, er liefere sich völlig ihrer Gnade aus, ja, er sei sogar gewillt, mit dem Tode zu büßen. Laudine stellt sich naiv und fragt ihn, welche Kraft ihn zu dieser Selbstaufgabe bewegt habe.

2017   – Dame, fet il, la force vient
            Dame, fait-il, la force vient
    de mon cuer, qui a vos se tient;
            de mon coeur, qui dépend de vous;
   an ce voloir m'a mes cuers mis.
            c'est mon coeur qui m'a mis en votre pouvoir.
   – Et qui le cuer, biax dolz amis?
            Et qui y a mis le coeur, beau doux ami?

2021   – Dame, mi oel. – Et les ialz, qui?
            Dame, ce sont mes yeux. – Et les yeux, qui?
   – La granz biautez que en vos vi.
            La grande beauté que j'ai vue en vous.

     – Et la biautez qu'i a forfet?

          Et la beauté, quel est son crime?

     – Dame, tant que amer me fet.

          Dame, c'est elle qui me fait aimer.

2025 – Amer? Et cui? – Vos, dame chiere.

          Aimer? et qui? – Vous, dame chère.

     – Moi? – Voire voir. – An quel meniere?

          Moi? – Oui, vous. – De quelle manière?

     – An tel que graindre estre ne puet;

          De manière telle qu'il ne peut être un plus grand amour;

en tel que de vos ne se muet

          telle que mon coeur ne vous quitte jamais,

2029 – mes cuers, n'onques aillors nel truis;

          et que jamais je ne le sens ailleurs,

an tel qu'aillors pansser ne puis.

          telle que je ne puis penser à autre chose.

    v. 2017 (19)–2028 (30)   Lagarde, A. / Michard, L.:

                   Moyen Age. Paris (Bordas) 1960, p. 68

Die afrz. Verse 2020 bis 2022 enthalten stets Auslassungen von Satzgliedern: Et qui (Subjekt) a mis le cüer (Objekt) an ce voloir? Die Antwort: mi oel (Subjekt). Et qui a mis les ialz (Objekt) an ce voloir? La granz biautez (Subjekt). Der Vers 2024 verkürzt „tant a forfet que …" zu „tant que …". Eine solche verkürzte Ausdrucksweise ist im Neufranzösischen kaum nachzubilden, wie die nebenstehende Übersetzung zeigt.

Der afrz. Text enthält bei den Substantiven unterschiedliche Formen: mon cuer (v. 2018), mes cuers (v. 2019, 2029), denen im nfrz. Text nur eine Form, nämlich jeweils mon cœur entspricht. Ebenso verhält es sich im Plural: mi, oel, les ialz (v. 2021), nfrz. nur mes (oder les) yeux. An diesen Beispielen zeigt sich, daß das Altfranzösische eine Deklination mit zwei Fällen (Kasus) besitzt. Der Subjektkasus heißt Rektus; er stammt aus dem lateinischen Nominativ: mūrus „Mauer" > (li) murs, Plural mūrī > (li) mur; měus > mes, Plural měī > mi (vgl. 4.2); Plural ŏcŭlī > oel (vgl. 4.3.2). Das lateinische Neutrum cor „Herz", das in Nominativ und Akkusativ gleich blieb, wurde wie fast alle Neutra in ein Maskulinum verwandelt und erhielt ein –s (< lt. –us). Der andere Kasus heißt Obliquus; er stammt aus dem lateinischen Akkusativ, der auch die Funktionen des Genitivs, Dativs und Ablativs übernahm. Einige Beispiele: mūrum > (le) mur, Plural mūrōs > (les) murs, und aus dem Text: měum > mon, cŏr > (le) cuer (vgl. 4.1), ŏcŭlos > (les) ialz (vgl. 1.3.7). Einen Unterschied zwischen Rektus und Obliquus zeigen in der Regel freilich nur die maskulinen Formen, nicht die femininen. Ein Unterschied bei den Feminina wie la biautez als Rektus und la biauté als Obliquus, z. B. L 783, kennzeichnet nur eine begrenzte Reihe von Substantiven.

Auch bei den Adjektiven und Artikeln gibt es im Altfranzösischen zwei Fälle, Rektus und Obliquus. Ein Beispiel für die Adjektive: v. 2022 granz < grandis (ds > ts, z), der Obliquus wäre grant < grandem mit der typischen Auslautverhärtung –d > –t, und im Komparativ graindre < grándior (v. 2027), der Obliquus hierzu wäre greignor < grandiórem (z. B. L v. 1249).

Bei den Verben fällt auf, daß das Subjekt oft in den afrz. Verben enthalten ist, im Neufranzösischen dagegen durch ein besonderes Subjektspronomen ausgedrückt werden muß (vgl. v. 2022, 2023, 2030). Der Vers 2023 hieße in wörtlicher nfrz. Übersetzung: Et la beauté, qu'a-t-elle commis? oder: qu'est-ce qu'elle a commis? In den afrz. Texten ist das Subjekt immer dann allein im Verb enthalten, wenn der betreffende Satz (Haupt- oder Nebensatz) kein besonderes Subjekt aufweist wie z. B. *qui* in: qui a vos se tient (v. 2018) und *mes cuers* in: an ce voloir m'a mes cuers mis (v. 2019). In solchen Sätzen wird das Subjekt doppelt ausgedrückt, z. B. in v. 2018 durch *qui* und durch die Form der 3. Person in afrz. tient [tįẽnt], also die Endung –t. (Solche Phänomene doppelten formalen Ausdrucks heißen in der traditionellen Grammatik *accord,* weil die Form tient mit dem Subjekt, das auch – gegenüber „ich" oder „du" – in der 3. Person steht, „übereinstimmt". Für die moderne Linguistik ist der accord ein Beispiel der Redundanz, vgl. Martinet, A.: La linguistique, Paris, Denoël, 1969.)

Unter den weiteren Eigenarten des Altfranzösischen, die sich schon aus dieser Gegenüberstellung ablesen lassen könnten, sei nur die Freiheit genannt, den Infinitiv eines Verbums in substantivischer Funktion zu verwenden. Ein Beispiel hierfür ist v. 2019: an ce voloir m'a mes cuers mis, wörtlich etwa: „in dieses Wollen hat mich mein Herz gebracht (versetzt)" oder: „mein Herz hat mich dahin gebracht, dies zu wollen." Im Neufranzösischen gibt es nur noch wenige substantivierte Infinitive, die zudem nicht beliebig gebraucht werden können, sondern eine erstarrte, feste Bedeutung haben, wie etwa le pouvoir „Macht, Gewalt". Der neufranzösische Übersetzer konnte keine sinnadäquate Übersetzungsmöglichkeit finden und hat deshalb eine Übertragung gewählt, die den Sinn jedoch verzerrt: „en votre pouvoir".

Der substantivierte Infinitiv des Altfranzösischen konnte zudem wie ein normales Verb mit einem Objekt verbunden werden (ce ist im obigen Satz Objekt: wen oder was? ce[1]) und andererseits wie ein normales Substantiv einen Artikel oder z. B. ein Demonstrativadjektiv erhalten („an *cest* voloir m'a mes cuers mis" lautet eine Variante dieses Verses in der Edition W. Foersters).

6.2 Skizze der morphosyntaktischen Entwicklung im Französischen

Die vorangegangenen Vergleiche zeigten bereits, wie sehr sich das morphosyntaktische System des Neufranzösischen vom altfranzösischen System abhebt. Wir versuchen nunmehr, einige der gefundenen Unterschiede in einem weiteren Zusammenhang zu sehen.

Die altfranzösische Zweikasusdeklination ermöglichte, wie das Textbeispiel zeigte, eine relativ freie Wortstellung. Das Subjekt konnte z. B. vor oder nach dem Verb stehen. Sätze wie Pier(r)es fiert Paul und Paul fiert Pier(r)es waren in ihrem begrifflichen Inhalt identisch: „Peter schlägt (den) Paul", ebenso

que de vos ne se muet mes cuers, oder

que mes cuers de vos ne se muet.

Meist beruhte die Unterscheidung nur auf dem auslautenden –s, z. B. Pier(r)es – Pier(r)e, cuers – cuer. Das –s begann jedoch im 12. Jahrhundert (früher in Nordfrankreich als im Zentrum) zu verstummen; im 13. Jahrhundert war dieser Vorgang abgeschlossen. (Eine Ausnahme bildet nur das –s vor Vokal in der liaison, das in stimmhafter Lautung erhalten blieb.) Der Schwund des –s förderte den Verfall der Zweikasusdeklination, und es überlebte in der Regel nur die Obliquusform (Pierre, cuer).

Dies gilt nicht allein für die Substantive, sondern auch für die Adjektive, Artikel und Pronomina. Eine Ausnahme bilden allein die Personalpronomina (je – me; tu – te; il, elle – lui – le, la; ils, elles – leur – les) und die Relativpronomina qui – que.

An der Form eines Wortes (z. B. Pierre, coeur) oder einer Wortgruppe (z. B. le coeur, mon coeur) ließ sich nun nicht mehr erkennen, ob es Subjekt war oder nicht. Vor allem aus diesem Grund wurde im weiteren Verlauf der französischen Sprachgeschichte eine feste Wortstellung in sonst mißverständlichen Sätzen notwendig (z. B. Pierre bat Paul). Die feste Wortstellung bei allen Satztypen (Aussagesätze, Fragesätze usw.) wurde dann im 17. Jahrhundert generalisiert und normiert, auch für unmißverständliche Sätze wie

Est morte m'amie?

die nunmehr lauten mußten:

Mon amie est-elle morte? (vgl. 9.2.2).

Meist folgt die feste Wortstellung des Neufranzösischen der Regel:

Subjekt – Verb – complément[2]).

Die Entsprechung zu afrz. mes cuers – mon cuer ist also nicht einfach: mon coeur, sondern

mes cuers – mon cœur + präverbale Position;
mon cuer – mon cœur + postverbale Position[3]).

Vgl. v. 2026 f.: afrz. (en tel que) de vos ne se muet mes cuers,
nfrz. (telle que) mon coeur ne vous quitte jamais.

Dieses Beispiel zeigt auch, daß es im Neufranzösischen Ausnahmen von der Stellung S – V – C gibt, etwa wenn nicht ein Substantiv, sondern ein Pronomen (hier *vous*) das complément zum Verb bildet. Aber bei solchen Ausnahmen ist die Wortstellung ebenfalls meist streng geregelt (hier: S – C – V mit einer dissoziierten Negationsmarkierung ne … pas, ne … jamais).
Freilich ist schon im Altfranzösischen die Konstruktion S – V – C, z. B. la force – vient – de mon cuer (frz. complément circonstanciel) häufiger als andere Konstruktionen, etwa die Nachstellung des Subjekts, z. B. an ce voloir m'a mes cuers mis[4]). Die Nachstellung des Subjekts kann daher im Altfranzösischen einen besonderen, informativen Wert besitzen, den das Neufranzösische in der Regel nur mittels der Hervorhebung („mise en relief") durch c'est … qui wiederzugeben vermag (z. B. hier: c'est mon coeur qui m'a mis en votre pouvoir). Die im Neufranzösischen so häufige Konstruktion c'est … qui, oder, falls es sich nicht um ein Subjekt handelt, c'est … que ist also nichts weiter als ein *Ersatz* für die verlorengegangene Möglichkeit, einen „Satzteil", sei es ein Subjekt, sei es ein complément oder Attribut, bereits durch seine Stellung im Satzganzen hervorzuheben[5]).

In der altfranzösischen *Konjugation* wird wie im Lateinischen die Person durch die Verb-*Endung* bestimmt, z. B.

Perfekt Sg.	vi	„ich sah"		Präsens Sg.	vei > voi
	veis	„du sahst"			veis > vois
	vit	„er sah"			veit > voit

(Wenn in afrz. Texten ein Subjektspronomen vor dem Verb steht, z. B. je voi, tu vois, il voit, so hat es normalerweise eine betonende Funktion.)
Die Endkonsonanten –s und –t verstummten jedoch im Laufe des 11. bis 16. Jahrhunderts (außer vor vokalisch anlautenden Wörtern[6]). Dadurch lauteten in der gesprochenen Sprache viele Verbformen in der 1., 2. und 3. Person gleich. Sowohl mit dieser Kollision gleichlautender Verbformen als auch mit dem allgemeinen Phänomen der Schrumpfung in der Phonemzahl (z. B. klt. vĭdet mit 5, afrz. veit mit 4, nfrz. /vwɛ/, /vwa/ mit nur 3 Phonemen) hängt es zusammen, daß im Neufranzösischen das *Subjektspronomen obligatorisch* wurde:

/ʒvwa/ je vois (mit analoger Schreibung –s)
/tyvwa/ tu vois
/i(l)vwa/ il voit

Es ist wahrscheinlich, daß auch rhythmische Gründe[6a]) eine Rolle gespielt haben, aber der Hauptgrund liegt sicherlich in der Notwendigkeit der Unterscheidung. Die Opposition „ich" (Sprecher) – „du" (Hörer) – „Konversationsobjekt" (3. Person oder Sache), auf die die Sprache als Kommunikationsmittel nicht verzichten kann, wird nach dem Ausfall der personanzeigenden Morpheme der Endsilbe dadurch aufrechterhalten, daß schließlich eine bereits vorhandene, aber nur stilistische Möglichkeit (je voi, tu vois, il voit) generalisiert wird. – Weiterhin läßt sich nachweisen, daß die Verwendung von je, tu etc. vom 13. bis zum 16. Jahrhundert immer stärker zunahm und nur in der Literatursprache des 16. Jahrhunderts infolge des latinisierenden Einflusses der Humanisten zeitweilig eingeschränkt war. Mehrere Grammatiker des 16. Jahrhunderts mißbilligten die Weglassung des Subjektpronomens; seit dem 17. Jahrhundert ist es völlig obligatorisch[7]).

Da nun die Verbindung je vois, tu vois etc. normal geworden ist, hat das Subjektspronomen im Unterschied zum Altfranzösischen keine betonende Funktion mehr. Auch hier hat sich das Neufranzösische einen Ersatz geschaffen, der eine ähnliche „mise en relief" erzielt wie die Konstruktion mit c'est ... qui. Dieser Ersatz besteht in der Verbindung des betonten und des nunmehr völlig unbetonten Pronomens: moi, je vois ...; toi, tu vois ...[8]). (Diese Verbindung dient zur Betonung der Person selbst, z. B. der Person des Hörers in toi, tu l'as vu, während die ähnliche Konstruktion c'est toi qui l'as vu auf eine ausgesprochene oder unausgesprochene Frage antwortet und stärker die Wahl unter mehreren Personen betont.)

6.3   Prä- und Postdetermination

Determination heißt: genauere Bestimmung des Inhalts, semantische Eingrenzung. Zum Beispiel kann der Inhalt eines Substantivs (etwa dt. Stadt) durch ein Adjektiv (etwa: mittelgroß) näher bestimmt und damit eingegrenzt werden. Dies geschieht, wenn man sagt: Z. ist eine mittelgroße Stadt. Das gleiche ist, vereinfacht gesagt, auch „innerhalb" von Verben, Substantiven und Adjektiven möglich.

Im *Lateinischen* wird der im Wortstamm (Lexem) vorliegende Inhalt durch angefügte Endungen (Endungsmorpheme) näher bestimmt, und zwar bei Verben nach Person, Numerus, Tempus und Modus:

vĭd– es   „Sehen" – „Empfänger" + „eine Person"
                       (Singular, = „Du"),
                   „jetzt" (Präsens), „wirklich" (Indikativ),

bei Substantiven nach Numerus, Genus und Kasus:

mūr– ī, mūr– ōs   „Mauer" – „mehrere" (Plural), „maskulin",
„Nominativ" bzw. „Akkusativ",

bei gesteigerten Adjektiven zudem nach dem Steigerungsgrad:

grand– ior   „groß" – „Nominativ" …, zudem „Komparativ"
(2. Grad)

Da der Wortstamm jeweils durch Endungsmorpheme semantisch determiniert
wird, handelt es sich um Postdetermination. (Sie läßt sich im Neuhochdeut-
schen nur selten nachbilden, weil hier z. B. der Plural gleich dreimal ausgedrückt wird: der Gast – die Gäste, also prädeterminierend durch das voran-
gestellte Artikelmorphem *die,* im Wortstamm durch die partielle Assimilation
von [a] > [ɛ], geschrieben ä (gasti > gesti > geste > Gäste), den sogenannten Umlaut, und postdeterminierend durch das Endungsmorphem –*e.*) Im
Altfranzösischen wird der Wortstamm prädeterminiert und/oder postdeterminiert:

vei– s „Sehen" – Postdetermination,
li mur, les mur– s [myr– s] „Mauer" – kombinierte Prädetermination (durch
Artikel) und Postdetermination (durch die Endungsmorpheme Null oder
–s)⁹).

Im letzteren Beispiel wird durch die jeweilige *Kombination* von Prä- und Post-
determination angegeben, daß es sich um mehrere Mauern als Subjekt oder
Nicht-Subjekt des Satzes handelt. – Dies ist nur innerhalb des afrz. Zweikasus-
Systems verständlich:

li murs   „eine Mauer, Subjekt des Satzes",
le mur   „eine Mauer, nicht Subjekt",
li mur   „mehrere Mauern (mehr als eine), Subjekt des Satzes",
les murs „mehrere Mauern (mehr als eine), nicht Subjekt".

Die prädeterminierenden Artikel bei li mur, les murs geben weiterhin die Information „bestimmte Mauern" (zuvor schon genannte bzw. dem Sprecher
und Hörer – oder Autor und Leser – bekannte Mauern). Diese Information
gaben klt. mūrī, mūrōs nicht.

Die Steigerung der Adjektive ist nicht einheitlich. Die klt. grandior entsprechende afrz. Form graindre ist postdeterminiert, doch handelt es sich um
keine reine Postdetermination (dies wäre *grant– re zu afrz. grant), da auch
der Stamm durch die Einwirkung des i̯ in grándi̯or verändert wurde. Im allgemeinen überwiegt bereits die Prädetermination bei der Steigerung, vgl. (vos)
estes li plus cortois de nos L 73, a mialz vaillant et a plus sage L 112 mit den
substantivierten Adjektiven vaillant und sage. Im Lateinischen existierte eine

solche Prädetermination nur in wenigen Ausnahmefällen, z. B. magis arduus (arduior ist jedoch belegt).

Das Altfranzösische zeigt also, verglichen mit dem Lateinischen, bereits eine Weiterentwicklung zur Prädetermination, bewahrt jedoch eine Postdetermination bei den Verben.

Im *gesprochenen Neufranzösischen* (nicht im geschriebenen) überwiegt eindeutig die Prädetermination, sowohl bei den Verben:

/tyvwa/   tu vois,

als auch bei den Substantiven:

/lmyr/   le mur,   /lemyr/   les murs

und in der Steigerung der Adjektive:

/plygrã/   plus grand[10]).

Aus dieser Systemwandlung erklärt sich auch die Ersetzung der kombinierten Prä- und Postdetermination durch die reine Prädetermination in der 1. Person Plural des Präsens: /õvwa/ on voit statt nous voy-ons. Nur die 2. Person Plural bewahrt in der gesprochenen Sprache noch die kombinierte Determination (vous voyez), vermutlich deshalb, weil die Form voyez durch den Imperativ gestützt wird. In der gleichen Tendenz steht auch das futur proche, das in der Konversation bereits das Futur häufig ersetzt, z. B. on va chanter statt on chantera. – Bei den Verben und den Substantiven sind die prädeterminierenden Morpheme freilich, selbst in der gesprochenen Sprache, nicht völlig mit dem Stamm verschmolzen. Vielmehr besteht eine „pénétrabilité relative"[11]), d. h. die *Möglichkeit,* in die Verbindung Morphem-Stamm weitere determinierende Elemente einzufügen, und zwar grammatische Morpheme wie le, y bei Verbformen, z. B. je le vois, und adjektivische Lexeme bei Substantiven, z. B. le grand mur.

Eine abschließende Tabelle zeigt die Wandlung der Sprachstruktur vom Lateinischen zum Neufranzösischen in einem kurzen Überblick.

Erklärung der Zeichen: L = Lexem, Wortstamm; Det = Determination durch ein Morphem bzw. eine Morphemgruppe; p = pénétrabilité (mit weiteren Determinationen); plus Pos = plus prä- oder postverbale Position.

	Lat.	Afrz.	Nfrz.
Verben	L – Det	L – Det	$\overset{p}{Det}$ – L – (Det)
Substantive	L – Det	$\overset{p}{Det}$ – L – Det	$\overset{p}{Det}$ – L plus Pos
Adjektive (Steigerung)	L – Det	Det – L	Det – L

Die Prädetermination beherrscht im Neufranzösischen nur die Konjugation der Verben, die Deklination der Substantive, die Steigerung der Adjektive. Die zumeist rein syntaktische Verbindung von Substantiv und Adjektiv zeigte dagegen nur im Altfranzösischen eine Tendenz zur Prädetermination (Relikt: der ältere Ortsname Neuchâtel), während hier im Neufranzösischen wieder, wie im Lateinischen, die Postdetermination überwiegt (z. B. auch in dem jüngeren Ortsnamen Châteauneuf). Ausgenommen von der völligen Umstrukturierung blieb auch die Genusanzeige bei den Adjektiven. Hier bewahrt das Altfranzösische und Neufranzösische *zumeist* die Postdetermination (L – Det), vgl. /blã/ blanc, /blã–ʃ/ blanche, und das Neufranzösische hat diese Postdetermination sogar auf viele Adjektive ausgedehnt, die im Lateinischen und Altfranzösischen noch gleich lauteten, z. B. klt. grandis > afrz. granz (vgl. Text v. 2023), Obliquus klt. grandem > afrz. grant (mask. und fem.), dagegen nfrz. /grã/ grand, /grã–d/ grande. Relikte der früheren Identität von maskuliner und femininer Form sind die neufranzösischen Feminina grand-mère, pas grand-chose, grand-route „Landstraße".

7 Morphosyntax der Substantive, Adjektive, Artikel und Pronomina

7.1 Maskuline Substantive

Von den sechs Kasus des klassischen Lateins hatte das Sprechlatein der Spätantike noch drei unterscheidbare Kasus bewahrt. In der Entwicklung zum Altfranzösischen konnten sich nur zwei Kasus erhalten:

klt	slt.	afrz.
Nom. sĕrvus	sérvos	(li) serfs > sers (vgl. 2.5.3c)
Gen. sĕrvī	sérvi	
Dat. sĕrvō		
Akk. sĕrvu(m)	sérvo	(le) serf (vgl. 2.5.3 b)
Abl. sĕrvō		
Vok. (sĕrvĕ)	(durch Nom. ersetzt)	

Daß es sich bei der Obliquus-Form le serf um einen ehemaligen Akkusativ und nicht lediglich die lautliche Weiterentwicklung des Genitivs sĕrvī „des Knechtes" handelt, erkennt man z. B. am Vergleich mit lateinischen Maskulina, die nicht auf –us endeten, wie pater > (li) pedre. Ihr Genitiv, z. B. patris, enthielt ein –s. Dieser Genitiv wird im Altfranzösischen jedoch nicht durch eine Form mit –s, sondern durch die aus dem Akkusativ illum patrem entwickelte Form le pedre oder deren Verbindung mit der Präposition de wiedergegeben. (Belege für den Ersatz des reinen Genitivs, Dativs oder Ablativs durch die Verbindung mit einer Präposition wie de, ad, ab finden sich schon im Klt.) Der Plural lautet entsprechend im Altfranzösischen:

li serf   < sĕrvī „die Knechte" (Rektus)
les sers < serfs < sĕrvōs (Obliquus)

Erhaltene Genitivformen wie in R 1019 cele gent paienur „jenes Volk der Heiden" (paienur < pāgānōrum) wurden von den damaligen Sprechern und Hörern noch verstanden, konnten aber nur von wenigen Substantiven gebildet werden und müssen daher als Ausnahmeerscheinungen und Relikte im altfranzösischen Sprachsystem betrachtet werden.

7.1.1 Die Funktionen des Rektus und Obliquus

Der Rektus sers < sěrvus, deus oder dieus < děus übernimmt auch die Funktionen des Vokativs. So rufen die besiegten Mauren zornig zu ihrem Gott Apollo[12]):

> E! malvais deus, por quei nus fais tel honte? R 2582
> „Schlechter Gott, warum tust du uns solche Schmach an?"

Und im Alexiuslied klagt der Vater:

> ... Cher filz, cum t'ai perdut! Al 106
> „Lieber Sohn, wie habe ich Dich verloren!"

Der Obliquus, z. B. Deu < Deum, übernimmt auch die Funktionen des Genitivs, Dativs und Ablativs. Hierbei gibt es zwei Möglichkeiten:

a) Reiner Obliquus

Statt des lateinischen Genitivs (Dei, patris):

> ço dist l'imagena: Fai l'ume Deu venir Al 171
> „Dies sagte die Ikone (= das heilige Bild): Laß den Mann Gottes kommen."
> Li serf sum pedre, ki la maisnede servent Al 263
> „Die Knechte seines Vaters, die die Hausgemeinschaft bedienen" (li serf: Plural Rektus; der Singular Obliquus hieße: lo serf, später le serf).

Statt des lateinischen Dativs (Deo):

> Se Deu ploüst, sire en doüsses estre Al 420
> „Wenn es Gott gefallen hätte, hättest du Herr darüber sein sollen."
> Pur ses pecchez Deu puroffrid lo guant R 2365
> „Wegen seiner Sünden bietet er Gott den Handschuh an" (Geste des Vasallen gegenüber Gott als seinem obersten Lehnsherrn).

Statt des lateinischen Ablativs (klt. hōc diē, illo diē, slt. *ecce-illo diurnu):

> Cel jurn i out cent mil lairmes pluredes Al 595
> „An jenem Tage wurden hunderttausend Tränen geweint."

b) Präposition plus Obliquus

Statt des lateinischen Genitivs:

> Pluret li poples de Rome la citet Al 589
> „Es weint das Volk der Stadt Rom" (= aus der Stadt Rom).

Statt des lateinischen Dativs:

> ... a Deu l'ad comandethe Al 73
> „Gott hat er sie anbefohlen."

Statt des lateinischen Ablativs (illo tempore):

Bons fut li secles al tens ancïenur   Al 1

„Gut war die Welt zur Zeit der Alten" (ancïenur: erhaltene Genitivform antianōrum).

Von der Möglichkeit, statt des Genitivs, Dativs oder Ablativs die syntaktische Fügung Präposition plus Akkusativ zu wählen, hatte schon das Sprechlatein der Kaiserzeit zunehmend Gebrauch gemacht. Davon zeugen u. a. Inschriften und manche Stellen in der Vulgata, die in der Regel freilich einen gepflegten lateinischen Stil aufweist, z. B. in einem ablativus absolutus:

Haec illo loquente *ad eos* ... (Matth. 9, 18)

„Während er (zu) ihnen dies (Neutr. Pl. Akk.) sagte" (diese Stelle enthält auch ille „jener" > „er").

Im Sprechlatein und im Altfranzösischen haben die Präpositionen de und ad (afrz. ad oder a) vor Substantiv zumeist eine volle Bedeutung, besonders die der Herkunft (de „aus, von ... her") und der Zielrichtung (ad „zu ... hin gerichtet" oder „zu ... hingehörig"). Oft ist es möglich, in einer deutschen Übersetzung für diese Bedeutungen der Herkunft oder Zielrichtung treffende Entsprechungen zu finden, z. B.

Si fu un sire de Rome la citet   Al 13

„... gab es einen Herrn aus der Stadt Rom"

... de grant nobilitet   Al 14

„... von sehr vornehmer Abstammung" oder „aus der höchsten Schicht des Adels"[13]).

En France ad Aïs s'en deit ben repairer   R 36

„Er soll ins Frankenreich, nach Aachen (hin) zurückkehren."

Bons fut li secles al tens ancïenur   Al 1

„Gut war das Menschengeschlecht, das in jener Epoche der Alten lebte (auch dt. Welt bedeutete ursprünglich „Zeitalter", „Menschengeschlecht in ihm").

Zwischen den beiden Möglichkeiten des bloßen Obliquus (z. B. Deu) und der Präposition plus Obliquus (z. B. a Deu) bestand oft noch eine Wahl. Dadurch konnten die altfranzösischen Sprecher und Autoren eine stilistische Nuancierung erreichen, die uns leicht entgeht. Die zweite Möglichkeit (Präposition plus Obliquus), die schon im Altfranzösischen häufiger gewählt wurde, hat sich mit dem Schwund des Zweikasussystems generalisiert. – Der *bloße Obliquus* blieb nur in einigen festen Verbindungen und Modellen erhalten, z. B. mit Genitivfunktion in: la fête-Dieu „Fronleichnam" (Fest Gottes, d. h. der

Hostie als Leib des Herrn), Hôtel-Dieu, l'église Notre-Dame und in den Modellen rue x, place x (x = Eigenname), und mit Ablativfunktion besonders im Modell der adverbialen Zeitbestimmung wie in: ce jour, cette semaine, la semaine passée, toute la nuit.

7.1.2 Übersicht über die Deklinationstypen

1. Wiederholung des häufigsten Typs:

	Sg.	Pl.
R	(li) ... s	(li) ...
Ob.	(le) ...	(les) ... s

in Weiterentwicklung der lateinischen Substantive auf –US (Sg. Nom. SERVUS, Akk. SERVUM, ohne –s, Pl. Nom. SERVI, also auch ohne –s, Akk. SERVOS).
Zahlreiche Wörter schlossen sich diesem Typ an, z. B. LEO „Löwe" als *LEONIS > afrz. li lions (Akk. LEONEM > afrz. le lion), das Neutrum ARGENTUM „Silber" als Maskulinum *ARGENTUS > afrz. li argenz, li arjanz (Akk. ARGENTUM > afrz. l'argent). – Nur die lateinischen Neutra, die im Nominativ und Akkusativ gleich lauteten, zeigen meist auch im Altfranzösischen in Rektus und Obliquus ein –s, z. B. li cors < CORPUS, le cors < Akk. CORPUS, li tens < TEMPUS, le tens < Akk. TEMPUS. Hier sind Rektus und Obliquus nur am Artikel unterscheidbar.

Übung

Versuchen Sie, die folgenden Sätze zunächst selbst zu übersetzen, indem Sie die nächste Zeile (mit der deutschen Übersetzung) jeweils zudecken. Achten Sie auch auf das Verb: steht es im Singular oder Plural?

li chevaliers ot cheval buen L 520

„der Ritter hatte ein gutes Pferd"

et mes chevax fu establez L 268 (270)

„und mein Pferd wurde in den Stall gestellt" (chevax = chevaus < chevals, R Sg.)

mon cheval restraing meintenant L 484

„gürtete ich mein Pferd sofort fester" (restraindre „den Sattelgurt enger zusammenziehen")

le chevalier suidre n'osai L 550

„dem Ritter zu folgen wagte ich nicht" (frz. suivre qn.)

... par mi ces sales / cil chevalier s'atropelerent L 8

„mitten in den Sälen (Hallen) scharten sich die Ritter zusammen" (die Demonstrativpronomina haben hier nur noch den – weniger markanten – Hinweischarakter des best. Artikels)

li boen chevalier esleü / qui a enor se traveillierent L 40 f.

„die guten, auserlesenen Ritter, die sich um Ehre abmühten", d. h. unter vielen Mühen Ehre zu erlangen suchten; traveillier „quälen, abmühen"

Tant i fui que j'oï venir / chevaliers, ce me fut vis, / bien cuidai que il fussent dis L 478 ff.

„Ich blieb so lange dort, bis ich Ritter kommen hörte, so schien es mir, ich glaubte (wirklich), sie wären zehn (= es wären zehn)"

Les doze pers ad traït por aveir R 3756

„die zwölf Pairs hat er um Gewinn verraten"

2. Lateinische Maskulina auf –ER, z. B. PATER

	Sg.	Pl.
R	(li) pedre	(li) pedre
Ob.	(le) pedre	(les) pedres

Vgl. slt. Sg. PATER, PATRE, Pl. PATRI, PATROS, hier endete also nur der Pl. Akk. auf –s. (Dagegen klt. PATER, PATREM, PATRES, PATRES.) Dieser Typ wird schon im Alexiuslied und Rolandslied dem vorigen Typ angeglichen, vgl.

Al 52   Co dist li pedres (statt li pedre), Sg. R
R 330   sis freres (statt frere) Basant, Sg. R

3. Ungleichsilbige Substantive
mit verschiedenen Formen durch Akzentwechsel:

	Sg.	Pl.
R	(li) sire < SÉNIOR	(li) seignor
Ob.	(le) seignor < SENIÓREM	(les) seignors

Ebenso z. B. Sg. R emperé(d)re < IMPERÁTOR, Ob. empere(d)ór < IMPERATÓREM; Sg. R énfes bzw. émfes < ÍNFANS, Ob. enfánt bzw. amfánt < INFANTEM; Sg. R compáin(g) < *COMPÁNIO, Lehnübersetzung aus germ. ga–hlaiba (vgl. dt. Laib) „der mit einem zusammen Brot ißt", Ob. compagnón < *COMPANIÓNE(M).

Auch dieser Typ wird bisweilen dem häufigsten Typ angeglichen, z. B. li sires L 4300 (Edition M. Roques), cumpainz Rollanz R 1070.

Übung

(→ = siehe nächste Zeile. Übersetzung zunächst zudecken)

Sire cumpain, faites le vos de gréd? R 2000

„Herr Gefährte, tut Ihr das willentlich?"

Sun cumpaignun cum il l'at encuntrét – Sil fiert amunt sur l'elme a or gemét
R 1994

„Als er seinen Gefährten getroffen hat, schlägt er ihm (hinauf) auf den goldgeschmückten (bzw. mit in Gold eingefaßten Edelsteinen geschmückten)
Helm" (sil = si le)

Son seignor siust toz les galos L 754

„Er folgt seinem Herrn im Galopp" (galos: Ob. Pl.)

Ensi fu mes sire Yvains pris L 961

„So wurde Herr Yvain gefangen"

Quant mon seignor Yvain trova L 976

„Als sie (im Kontext: une dameisele) Herrn Yvain fand (hier: plötzlich sah)"

Karles se dort cum hume traveillét, →
seint Gabriel li ad Deus enveiét; →
L'empereür li cumandet a guarder. R 2525 ff.

„Karl schläft wie ein gequälter Mensch,
den heiligen Gabriel hat ihm Gott geschickt,
er befiehlt ihm, den Kaiser zu bewachen."

Li apostolie e li empereör / ... E tut le pople ... / →
Depreient Deu Al 306 ff.

„Der Papst und die Kaiser ... und das ganze Volk ... bitten Gott inständig"
(das Alexiuslied spricht von *zwei* Kaisern, dem des weströmischen und dem
des oströmischen Reichs; zu erwarten wäre li poples).
In der Anrede: Sire cumpainz, amis R 1113 „Herr Gefährte, Freund", Bels
sire reis R 3824 „Edler Herr und König" (keine Pluralformen!).

7.1.3 Sogenannte „Verstöße" gegen die Zweikasusdeklination in altfranzösischen Texten

Da die Zweikasusdeklination schon vom 12. Jahrhundert an zerfiel, wozu der
Schwund des auslautenden –s wesentlich beitrug, finden sich in den uns erhaltenen Handschriften des 12. Jahrhunderts von älteren Texten, deren Origi-

nal verlorenging (z. B. Alexiuslied aus der Mitte, Rolandslied aus dem Ende des 11. Jahrhunderts), hier und da Formen, die scheinbar „Verstöße" gegen die Zweikasusflexion[14]) bilden. Solche Formen bezeugen in Wirklichkeit, daß zur Zeit der Handschriftenkopisten ein Übergangszustand zwischen der verfallenden alten Sprachnorm (Unterscheidung zweier Kasus) und der aufkommenden neuen Sprachnorm (keine Kasusunterscheidung mehr) bestand[15]). Diese Formen sind also nicht „Verstöße", sondern Widerspiegelungen der neuen Sprachnorm, die den (bei den meisten Wörtern häufiger vorkommenden) Obliquus auch auf den Rektus ausdehnt. Einige Beispiele:

Al 348 En sum puing tint le cartre le Deu serf (statt li Deu sers) „In seiner Faust hielt der Diener Gottes den Brief"

Al 543 Le cors an est an Rome la citet (statt li cors, vgl. 7.1.2.1) „Der Leichnam (von ihm, d. h. sein Leichnam) ist in der Stadt Rom"

R 302 Quant l'ot Rolland, si cumençat a rire (statt Rollanz, Schreibung z = Affrikata ts) „Als Roland dies hört, begann er zu lachen"

R 348 L'estreu li tint sun uncle Guinemer (statt sis uncles Guinemers) „Den Steigbügel hielt ihm sein Onkel Guinemer"

Es ist möglich, daß Chrétien de Troyes (zweite Hälfte des 12. Jahrhunderts) die zwei Kasus nur deshalb in der Regel noch unterschied, weil er seiner Sprache die Patina des Archaischen zu geben versuchte. (Ähnlich erklären sich viele Archaismen im spanischen Cid-Epos). Auch inhaltlich spielen seine Romane ja in einer vergangenen Zeit, meist der mythischen Zeit des Königs Artus, wenn auch die geschilderten gesellschaftlichen Verhältnisse diejenigen der Epoche idealisieren, in der er lebte.
In der Literatursprache wurde bis ins 14. bzw. 15. Jahrhundert versucht, die Unterscheidung zwischen Rektus und Obliquus aufrechtzuerhalten.

7.2 Feminine Substantive

Bei den meisten Feminina besteht im Afrz. kein Unterschied zwischen Rektus und Obliquus (die Sg.-Endung lautete, nach Schwund des –m im Akkusativ, –a in Nom. und Akk., analog dazu Verallgemeinerung von –as im Plural; Nominative auf –as statt –ae sind schon 100 v. Chr. bezeugt):

	Sg.	Pl.
R Ob.	} la lance	} les lances

Es gibt allerdings Ausnahmen: ungleichsilbige Substantive wie suer < sóror „Schwester", Ob. sero(u)r < sorórem; und Wörter wie beltez, biautez „Schönheit", Ob. beltét (R 957), biautét, die von den Endungen –tas, Akk. –táte(m)

zeugen, wobei –tas wohl durch –tátis ersetzt wurde, also eine slt. Nominativ-
form mit einer Betonung analog zum Akkusativ und zum Plural. Schließlich
gehören hierzu auch Wörter wie (la) flors – (la) flor „Blume, Blüte". Für den
R. Sg. gibt es hier zwei Erklärungen: 1. Bildung gemäß dem Akkusativ, und
–s analog zum maskulinen Typ mūrs, mūr im Singular; 2. direkte Entstehung
aus flōr(i)s (klt. nur als Genitiv) statt flōs, d. h. wie oben aus dem Silbenzahl-
und Betonungsausgleich.

Viele klt. Neutra, die im Plural auf –a endeten, wurden schon früh als Sg.-
formen von Feminina aufgefaßt. So erklären sich z. B. klt. lăbra „die Lippen"
> afrz. la levre „die Lippe" (nfrz. la lèvre), klt. fĕsta > fĕsta „die Feiern"
> afrz. la feste „die Feier, das Fest" (nfrz. la fête).

Wie bei den maskulinen, so wird auch bei den femininen Substantiven der
lateinische Genitiv und Dativ durch den bloßen oder präpositionalen Obliquus
ersetzt:

> el num la virgine … Al 89
> „im Namen der Jungfrau"
> Tant li prïerent … que la mulier dunat fecunditét Al 26f.

> „Sie baten ihn so sehr, daß er (= Gott) der Frau Fruchtbarkeit gab" (bloßer
> Obliquus, dagegen präpositionaler Obliquus duner a qn. in Al 93f.: larges
> almosnes … dunet as povres „reichliche Almosen … gibt er den Armen")

> A vostre femme enveierai dous nusches R 637
> „Eurer Gemahlin werde ich zwei Spangen senden"

7.3   Adjektive

Die Adjektive werden wie die Substantive dekliniert. Die folgende Übersicht
stellt jeweils eine Form, die in älteren nordwestlichen Texten häufig vorkommt
(z. B. bon[16])) neben eine betonte und in den Romanen Chrétiens häufige Form
(z. B. buen, auch boen):

BONUS, –UM, Pl. –I, –OS

| Sg. R | bons, buens | | Pl. R | bon, buen |
| Ob. | bon, buen | | Ob. | bons, buens |

BONA, –AM, Pl. –AE (slt. –AS), –AS

| Sg. R | } bone, buene | | Pl. R | } bones, buenes |
| Ob. | | | Ob. | |

94

Im Zentrum Frankreichs existierten bone als unbetonte Form, buene als betonte Form nebeneinander. Nur die unbetonte Form blieb erhalten: [bõnə] > [bɔnə] > Mitte 17. Jh. [bɔn][16a]).

ALTER, –UM, Pl. –I, –OS
ALTERA, –AM, Pl. –AE (slt. –AS), –AS

Sg. R	altre(s) > autre(s)	Pl. R	altre > autre, Fem. mit –s
Ob.	altre > autre	Ob.	altres > autres

Infolge der lautlichen Entwicklung (mask. –e als Stütz-e nach zwei Konsonanten, fem. a > e) wurden hier maskuline und feminine Form identisch. Schon früh tritt jedoch beim Rektus im Maskulinum ein analoges –s auf.

Die Adjektive auf –IS lauteten bereits im Lateinischen in der maskulinen und femininen Form gleich. So erklären sich die folgenden femininen Formen ohne –e:

Nom. GRANDIS *BELLITATIS > (la) granz biautez L 2021 (23)
Akk. GRANDEM *PÉRDITAM > grant perte R 1691
Akk. MANSIÓNEM FORTEM > (la) meison fort L 701

7.4 Artikel

7.4.1 Bestimmter Artikel

Der bestimmte Artikel ist aus dem Demonstrativpronomen ILLE (ILLA, ILLUD) entstanden. Meist besitzt er noch eine Hinweisfunktion, besonders auf ein vom Sprecher bereits genanntes und daher dem Hörer bekanntes Sach- oder Personalindividuum[17]).

Beispiel: Al 13: Si fut *un* sire … „gab es einen Herrn" und später von demselben Al 16: Eufemiën si out a num *li* pedre „Euphemian, so hieß der Vater". – Diese Voraussetzung ist z. B. in Al 1 (Bons fut *li* secles *al* tens ancïenur, vgl. 7.1.1) nicht mehr gegeben, aber der bestimmte Artikel behält dort eine evozierende und individualisierende Funktion[18]). Die Formen lauten:

mask. Sg. R	li < *(il)lī statt ille,	analog zu quī
Ob.	le < lo < (il)lu(m)	da lo vor Substantiv unbetont ist, wird es später zu [lə], geschrieben le, abgeschwächt
Pl. R	li < (il)lī	
Ob.	les < (il)lōs	
fem. Sg.	la < (il)la	
Pl.	les < (il)las	

Der Schwund der ersten und die Erhaltung der zweiten lt. Silbe erklärt sich aus der „satzphonetischen" Atemdruckverteilung. In *illī réx steht –lī der haupttonigen Silbe näher, erhält so etwas mehr Atemdruck (und Deutlichkeit) und bleibt daher bewahrt.

7.4.2 Unbestimmter Artikel

Der unbestimmte Artikel geht auf klt. UNUS (fem. UNA) zurück, ein Zahlwort, das später die weitere Funktion übernahm, ein im Gespräch oder Text noch nicht erwähntes oder ein beliebiges Sach- oder Personalindividuum innerhalb einer Gattung (z. B. Knechte) zu bezeichnen. Im Plural entspricht den Morphemen uns < ūnus, un < ūnu(m), une < ūna das Morphem Null[19]) (dagegen nfrz. meist *des*):

	Sg.	Pl.
R	uns sers (< serfs)	serf
Ob.	un serf	sers (< serfs)

7.4.3 Fehlen eines Artikels

Meist steht kein Artikel vor abstrakten Begriffen (z. B. joie, dolour, poverte „Armut", perte) und vor Eigennamen und Wörtern wie pareïs (paradis), enfer, terre in der Bedeutung „Erde" (dagegen wohl bei der Bedeutung „Gebiet"), nature, die sich auf Wesenheiten oder Personifikationen (z. B. nature im Mittelalter) beziehen, die als nur in der Einzahl existierend gedacht werden und daher wie Eigennamen behandelt werden.

Zwei Beispiele:

> Li quens Rollant des soens i veit grant perte R 1691
> „Graf Roland sieht, wie viele unter seinen Gefährten (dort) gefallen sind"
> (wörtlich: von den Seinigen große Einbuße, Zerstörung)

> L'anme del cunte portent en pareïs R 2396
> „Sie (im Kontext: höchste Engel in der Hierarchie der Engel) tragen die Seele des Grafen ins Paradies"

Viele Textstellen, die keinen Artikel aufweisen und mit obigen Prinzipien nicht erklärt werden können, lassen sich mit einer wertvollen These Guirauds deuten. Nach dieser These kann die Artikellosigkeit im Altfranzösischen auch ein Wesen bezeichnen, das zur Zeit des Sprechens bzw. Berichts für den Sprecher oder Autor nur als Denkmöglichkeit existiert, d. h. zu dieser Zeit nicht wirklich vorhanden ist (in Guirauds Terminologie: ein „virtuelles" Wesen[20])).

Daher zeigen vergleichende und verneinte Sätze oft keinen Artikel:

Tient Durendal qui plus valt que fin or R 1583

„Er hält Durendal (sein Schwert), das mehr wert ist als reines Gold"

Soleill n'i luist ne blét n'i poet pas creistre[21]) R 980

„(Eine) Sonne scheint dort nicht und Getreide kann dort nicht gedeihen."

7.5 Amalgame

Das Altfranzösische weist zahlreiche Verschmelzungen (Amalgame[22])) grammatischer Morpheme auf, ähnlich wie das Deutsche, z. B. vom (von dem), am (an dem).
Pronomen und Pronomen: jol = jo le R 840; jot = jo te Al 485; jos = jo les Al 205.

Präposition und bestimmter Artikel: el = en le, z. B. trueve il ... el vavasor „findet er in dem Vasallen" L 780; es = en les, z. B. Et vint es essarz „und er kam in die Rodung(en)" L 793; al, au = a le; als, as, aus, ax = a les; del = de le; des = de les.

Konjunktion und Pronomen: sim = si me; sil, sel = si le, se le; quel kann (selten) heißen que le; ques = que se oder (z. B. R 1912) que les.

ne plus Pronomen: nel = ne le, z. B. onques mes nel virent „niemals sie ihn ... sahen" L 46; net = ne te; nes = ne se (z. B. R 9) oder ne les (z. B. R 1186).

(el kann jedoch auch heißen „etwas anderes", ALIUD > el; es und as finden sich auch in der Verbindung es vus, as vus, ez vos „voici", wörtlich etwa „da seht ihr", es bzw. in Al und R as stammen hier von ez < ECCE „siehe".)
Das neufranzösische Sprachsystem hat unter diesen Amalgamen nur du < d(e)l, vor konsonantischem Anlaut < de le, des < de les, au < al < a le, aux < als < a les bewahrt, sowie in festen Verbindungen ès (z. B. docteur ès lettres).

Übung

Verdecken Sie jeweils den deutschen Satz und übersetzen Sie:

Nes poet guarder que mals ne l'i ateignet R 9

„Er kann sich nicht (davor) schützen, daß ihn (dabei) ein Unheil trifft."

Sainz Alexis est el ciel senz dutance Al 606

„Der heilige Alexius ist ohne Zweifel im Himmel" (besser: „in diesem Himmel", d. h. „im Himmel von uns, den Christen").

Mal seit del coer ki el piz se cuardet! R 1107

Wörtlich: „Übel sei des Herzens, d. h. Unheil komme über das Herz, das in der Brust sich (feige) fürchtet."

Puis quel comant, aler vos en estoet R 318

„Da ich es befehle (puisque je le commande), müßt Ihr (weg-)gehen."

et cest mien anelet prendroiz / et, s'il vos plest, sel me randroiz / quant je →
vos avrai delivré L 1023ff.

„und Ihr werdet diesen meinen Ring nehmen und ihn mir – bitte – zurückgeben, wenn ich Euch befreit haben werde" (sel = si le, si leitet den Hauptsatz ein, auch mit „so" übersetzbar).

7.6 Ausdruck des Besitzverhältnisses

Die Zugehörigkeit zu einer Person kann im Altfranzösischen auf drei Weisen angegeben werden:

1. a, ad + Artikel + Obliquus (bzw. a + Eigenname):

   fille ad un conpta … Al 42 (= comte)
   „Tochter eines Grafen"
   en (la) cort al rei mult i avez estéd R 351
   „am Hof des Königs seid Ihr viel (= lange) gewesen" (al = Amalgam)
   tot menja le pain a l'ermite / mes sire Yvains L 2856 (52)
   „Herr Yvain aß das Brot des Einsiedlers vollständig auf"

   Diese Ausdrucksmöglichkeit betont die Zugehörigkeit zu einer Person besonders stark. Sie ist eine wirkliche Besitzangabe: X gehört zu Y. Diese Ausdrucksform wurde erst im 17. Jahrhundert aus der Literatursprache verdrängt, erhielt sich aber im français populaire: la fille au boulanger, la bague à Jules[23]).

2. Reiner Obliquus:

   z. B. li serf sum pedre … Al 263 (vgl. 7.1.1, siehe ebenda Relikte im Neufranzösischen).

3. de (+ Artikel) + Obliquus:

   … filie d'un noble franc Al 40
   „Tochter eines adligen Franken"
   … a cort de roi ne vindrent L 2690 (92)
   „sie kamen nicht zum Königshof"

Die letztere Ausdrucksmöglichkeit, die manchmal die Herkunft betont (so im ersten Beispiel: Tochter, die von einem adligen Franken stammt), war im Altfranzösischen selten. Sie wurde erst im 17. Jahrhundert zur Norm.

7.7 Pronomina

7.7.1 Personalpronomina

Wie sich schon früher zeigte, existieren im Altfranzösischen (auch synchronisch, z. B. in einem Text wie dem Alexiuslied) manchmal Doppelformen. Eine normative Grammatik des Französischen, die aus Doppelformen eine Form eliminierte oder aber beide Formen zwar bewahrte, ihnen aber eine klare Bedeutungs- und Funktionsabgrenzung verlieh, entstand erst im Laufe des 16. Jahrhunderts und wurde während des 17. Jahrhunderts vollendet. (Die gesprochene französische Sprache entwickelte sich trotzdem weiter, sie ersetzt z. B. *nous* als Subjektspronomen oft durch *on* bzw. *nous autres*.)
Die folgende Tabelle stellt die älteren und nordwestlichen Formen des Alexius- und Rolandsliedes den jüngeren Formen bei Chrétien gegenüber. Steht eine Form nicht in Klammern, so lautet sie in der Regel für betonte und unbetonte Pronomina gleich. Wenn eine besondere unbetonte Form existiert, so ist sie durch das Zeichen (U) angegeben. Weitere Zeichen: D = Dativ, A = Akkusativ, VAR = häufige Variante(n).

Alexiuslied, Rolandslied:

	1. Person	2. Person	3. Pers. mask.	3. Pers. fem.
Sg. R	jo	tu	il	ele
Ob. D	} mei (U me)	} tei (U te)	lui (U lui, li)	li
Ob. A			lui (U le)	li (U la)
Pl. R	} nus, nos	} vus, vos	il	eles
Ob. D			lur	lur
Ob. A			els (U les)	eles (U les)

Chrétien de Troyes:

	1. Person	2. Person	3. Pers. mask.	3. Pers. fem.
Sg. R	je, VAR gié, ge	tu	il	ele, VAR el
Ob. D	} moi (U me)	} toi (U te)	lui (U li)	li
Ob. A			lui (U le)	li (U la)
Pl. R	} nos	} vos	il	eles
Ob. D			lor	lor
Ob. A			aus, ax (U les)	eles (U les)

Neutrum: R il „es", Ob. lo, le „es".

Reflexiv: sei > soi (U se), im Afrz. auch für bestimmte Personen, z. B. od sei Al 91, nfrz. „avec lui".

Varianten vor vokalisch anlautendem Wort: m' (statt me), t' (statt te), l' (statt le, la), s' (statt se), z. B. s'en refuit ... Al 385.

Besonders wichtig für die Übersetzung: Dativ mask. betont: avuec lui „mit ihm"; avuec li „mit ihr". (Es gibt jedoch Ausnahmen, z. B. L 985 Ed. Roques: anviron lui „um *sie* herum"[24]).) – Pl. R: il (nicht ils!), z. B. Quant il ço sourent ... Al 103 „Als sie (dies) erfuhren". Das Morphem *il* kann also auch Pluralform sein. – Bei *li* ist darauf zu achten, daß dieses Morphem je nach Kontext „ihm" (unbetont) oder „ihr" oder „sie" (fem. Sg. betont) bedeuten kann.

Einige Beispiele für betonte Personalpronomina:

Ço peiset mei ... Al 460
„Dies (= es) bedrückt mich ..."
... Mei est vis que trop targe R 659
„Wie mir scheint, zögere ich zu sehr"
tant com il fist moi cele nuit L 213 (11)
„soviel, wie er *mir* jene Nacht gab"

Hätten die Autoren nicht die Pronomina hervorheben, also eine andere Nuance ausdrücken wollen, so hießen diese Sätze: ço me peiset ... (hier wäre freilich die vierte Silbe nicht betont), ço m'est vis que ..., tant com il me fist ...
Die Personalpronomina sind stets betont (haupttonig) nach Präpositionen (devant lui, R 4) und nach Imperativ (Cunseilez mei, R 20). Meist sind sie auch vor Infinitiven betont (por lui afiancer, R 41; fait sei porter, R 2593).

7.7.2 Possessivpronomina

In der folgenden Tabelle sind nur die Formen, die dt. mein(e), dein(e), sein(e) entsprechen, angegeben, da die dt. unser etc. entsprechenden Pluralformen erfahrungsgemäß leicht verstehbar sind[25]).

		vor mask. Substantiv				vor fem. Substantiv		
Sg. R	mes, mi(s)	tes, tis	ses, sis	}	ma	ta	sa
Ob.	mun, mon	tun, ton	sun, sum, son	}	(vor Vokal: m', t', s')		
Pl. R	mi	ti	si	}	mes	tes	ses
Ob.	mes	tes	ses	}			

(Syntagmen, d. h. „Satzteile" wie mes paleis, mes chevaliers, mes barnages können in einem altfranzösischen Text also auch Sg. R und damit ein Subjekt im Singular sein.)

Textbeispiele für Possessivpronomina: die Worte Rolands, die den Ausgangspunkt der Handlungsfolge im Rolandslied bilden: „Ço ert Guenes, mis parastre" R 277 („Das soll Ganelon sein, mein Stiefvater") und später die zurechtweisende Feststellung des zornigen Ganelon: „Tu n'ies mes hom, ne jo ne sui tis sire" R 297 („Weder bist du mein Lehnsmann, noch bin ich dein Lehnsherr").

Die *betonte* Form der Possessivpronomina steht, wenn der bestimmte oder unbestimmte Artikel oder ein Demonstrativpronomen vorangeht:

li m(i)ens quors Al 445
un mien filz R 149
li tons parentez Al 415
pur le tuen cors Al 472
li soens orgoilz R 389
por le soen Deu R 82

ceste meie grant ire R 301
la tue aneme Al 410

la sue anfermetét Al 278

Plural mask. R li mien, Ob. les miens; R li tuen, Ob. les tuens; R li suen, Ob. les suens; fem. les meies, les tues, les sues. Analog zu mien < mĕum entstand der Rektus miens, zu diesem Paar später (li) tiens, (le) tien etc., und später wurde auch die Genusopposition vom Typ (li) miens / (le) mien – (la) moie im Laufe des 13. bis 15. Jahrhunderts entsprechend vereinfacht (Typ le mien – la mienne). So entstand ein ökonomisches System von Oppositionen und Korrelationen. – Was die Syntax anbetrifft, so findet man Formen wie un mien ami noch Anfang des 17. Jahrhunderts. Darauf erst wurde die auch substantivische Verwendung, z. B. afrz. cele est (la) moie, verabsolutiert[25a].

7.7.3 Demonstrativpronomina

Das Altfranzösische unterscheidet zwei Grade:

cist „dieser" < slt. *ecce ęsti mit Assimilation des ersten i, das sonst e geworden wäre (statt ecce iste);
(i)cil „der ... dort, jener" < slt. ecce ęlli mit der gleichen Assimilation (statt ecce ille).

Beide Grade, cist (Nähe) wie cil (Ferne) konnten adjektivisch (vor Substantiv) wie auch substantivisch (als wirkliche Pro-Nomina) verwandt werden.

Die Formen lauten:

	mask.	fem.	mask.	fem.
Sg. R	(i)cist	(i)ceste	(i)cil	(i)cele
Ob.	(i)cest		(i)cel	
Pl. R	(i)cist	(i)cestes,	(i)cil	(i)celes
Ob.	(i)cez	(i)cez	(i)cels	

Die Form des Neutrums lautet für beide Grade ço bzw. ce (dagegen nfrz. cela, ça), aus ecce hoc. Seltener finden sich als Neutra (i)cest und (i)cel.

Daneben kommen im Altfranzösischen auch als Dativ bzw. Akkusativ vor: mask. cestui (Nähe), celui (Ferne), fem. cesti (Nähe), celi (Ferne). Wie der Rektus analog zum Relativ- und Interrogativpronomen quī (welcher, welcher?) gebildet ist, so auch diese Formenreihe analog zu dessen Dativ cui (z. B. celúi < *eccillúi, analog fem. celi < *eccilléi).

Textbeispiele:

Al 502, 534, 620;
R 35, 47, 145, 213, 249, 272, 301.

Das Neufranzösische vereinfachte die Formen und „verlagerte" deren Funktion: cet (homme), ce (livre), cette (femme), Pl. ces (hommes, femmes) dienen stets als Adjektive, die für afrz. cil, cele etc. eingetretenen Formen celui, celle, Pl. ceux, celles dagegen fungieren wie Substantive. – Nähe und Ferne aber werden jeweils durch ein neues Mittel, die angefügten Morpheme –ci und –là, angegeben. In der Entwicklung zum Neufranzösischen fand also eine völlige Umstrukturierung im System der Demonstrativpronomina statt[26]).

7.7.4 Relativpronomina

Die Formen lauten:

	mask. und fem.	neutr. (R wie Ob.)
R	qui (Rol. auch ki)	betont: quei, quoi, coi
Ob.	cui (Rol. 3657: qui)	unbetont: que
	que (Akk., selten auch qui)	

Das Morphem *cui* hat meist die Funktion eines Dativs, selten auch die eines Genetivs oder (wie que) eines Akkusativs.

Übung

Lesen Sie jeweils nur den altfranzösischen Text und übersetzen Sie:

Li cancelers, cui li mesters an eret Al 376
„Der Kanzler, dem die(se) Aufgabe (von seinem Stand her) zufiel ..."
Artus ..., la cui proesce nos enseigne que ... L 2
„Artus, dessen Rittertugend uns lehrt, daß ..."
si out de tex cui molt greva L 44 (tex = teus < tels)
„(und) es gab solche, denen (das) sehr unangenehm war"
cil cui la forteresce estoit L 198
„derjenige, dem das befestigte Gebäude (= die Burg) gehörte"
et dahez ait cui ce est bel L 507
wörtlich: „und Verderben (Fluch) habe (der), dem dies angenehm ist"

Das Relativpronomen *qui* (bzw. *ki*) wird manchmal nach verneinten Hauptsätzen deshalb nicht gesetzt, weil bereits das einleitende ne des Relativsatzes, in seiner Funktion Nachfolger von lt. quīn < quī nōn (vgl. S. 131 unter 7), die relativische Bedeutung einschließt:

En la citet nen ad remés paien
Ne seit ocis u devient crestiën R 101f. (= ki ne seit ocis ...)
„In der Stadt ist kein Heide (zurück)geblieben,
der nicht getötet (worden) wäre oder Christ wird"
N'i ad celoi n'i plurt et se dement R 1836 (= ki n'i plurt ...)
„Es gibt niemanden, der nicht weint und wie von Sinnen ist"

Ebenso kann auch statt der Konjunktion que + ne nur ne „daß nicht" (in der Funktion von nē nōn, spätlat. quod non) stehen, besonders in der Einleitung von Objektsätzen zu verneinten Hauptsätzen:

Ne puet muër n'en plurt et nes dement R 2517 (= que n'en plurt ...; nes = ne se)
wörtlich: „Er kann nicht ändern, daß er nicht darüber weine und wie von Sinnen sei", daher: „Er kann nicht umhin, darüber zu weinen und zu klagen wie einer, der seiner selbst nicht mehr mächtig ist".

8 Morphosyntax der Verben

Im folgenden werden die wichtigsten altfranzösischen Verbformen nach historischen Gesichtspunkten dargestellt, weil sie sich durch den Vergleich mit ihren lateinischen Ursprungsformen leichter verstehen und schneller einprägen lassen. Historisch ist auch die Einteilung der Verben nach vier Konjugationen (mit den Infinitiven –er < klt. –āre, –ir < klt. –īre, –eir, –oir < klt. –ēre und –re < klt. –ĕre), eine Einteilung, die dem Vorbild der griechischen und lateinischen Grammatik folgt.

Eine synchronisch-strukturelle Darstellung würde das altfranzösische (wie auch das neufranzösische) Verbsystem nicht historisch, nach seinen Ursprüngen, gliedern, sondern es allein nach den immanenten Merkmalen der jeweiligen Sprachstufe (z. B. 11. Jh., 12. Jh., 17. Jh., 20. Jh.) einzuteilen und zu beschreiben versuchen. Eine solche Darstellung hätte zudem sowohl die Uneinheitlichkeit des Altfranzösischen, seine Zersplitterung in zahlreiche regionale Dialekte, als auch die bereits im 12. und 13. Jahrhundert einsetzende Tendenz zu einer überregionalen Gemeinsprache zu berücksichtigen[27]).

8.1 Betonungswechsel (Wechsel zwischen Stamm- und Endungsbetonung)

Bereits im Lateinischen wechseln im Präsens Indikativ und Konjunktiv stammbetonte Formen (1., 2., 3. Singular, 3. Plural) mit endungsbetonten Formen (1., 2. Plural). Viele stammbetonte Formen weisen im Altfranzösischen lautgesetzliche Diphthonge auf. Einige Beispiele in der zweiten Person Singular und Plural:

plǫráre > plorer „weinen" (nfrz. pleurer), plǫ́ras > ploures, plorátis > plorez;

*trǫpáre > trover „finden" (nfrz. trouver), *trǫ́pas > trueves, *tropátis > trovez;

dẹbére > deveir, devoir „sollen, müssen", débes > deis, dois, deb– + –átis (analog zur 1. Konjugation, statt debétis) > devez.

Im Neufranzösischen haben die meisten Verben die durch den Betonungswechsel entstandene Verschiedenheit des Stammes aufgegeben und eine Form des Stammes generalisiert.

Beispiele:
tu pleures, vous pleurez, tu trouves, vous trouvez.

8.2   -er, -ier< klt. -āre (1. Konjugation)

Beispiel: chanter [tʃãntẹːr] < klt. cantāre.
Die Infinitive auf –ier erklären sich durch einen vorangehenden Palatal, z. B.
enveiier „schicken, senden" < *invi̯are. Vgl. 5.8.

PRÄSENS INDIKATIV

chant	< cănto	chantons, –ums < cant- + –ŭmus (wie sŭmus?)
chantes	< căntās	chantez	< căntātis
chante(t)	< căntăt	chantent	< cántănt

Ebenso aim „ich liebe" < amō, lais „ich lasse" < laxō (zu laissier < klt. lax-
āre, vgl. 5.8).
Bei doner, duner „geben" lautet die 1. Sg. don, dun oder doing [doɲ] < doni̯o
statt klt. dōno, weiterhin doins, die 3. Sg. done(t), dune(t) < klt. dōnat.
Die spätere Endung –e der 1. Sg. (je chante, j'aime) beruht auf Systemaus-
gleich: die völlig endungslose Form wird aufgegeben (freilich in der gesprochenen Sprache nur vorübergehend, bis etwa Mitte des 17. Jahrhunderts).
Daß innerhalb dieses Systemausgleichs gerade –e zur Endung wird, erklärt
sich sehr wahrscheinlich aus der Analogie zu Verben in der gleichen Konjugation mit Stütz-e nach einer Konsonantengruppe, z. B. entre „ich trete
ein" < ı̇ntro.

PRÄSENS SUBJONCTIF[28])

chant	< căntem	chantons, –ums <	cant- + –ŭmus statt –ēmus
chanz	< căntes	chantez	< cant- + –ātis statt –ētis
chant	< căntet	chántent	< cántent

Das Altfranzösische besaß im Plural weiterhin die Formen chantiens < cant-
+ –i̯ámos und chantiez < cant- + –i̯ates. Aus der Kreuzung der 1. Pl.-
Endungen –ons und –iens entstand schon mfrz. die Endung –ions (vgl. nfrz.
que nous chantions). In der 2. Pl.-E. setzte sich die eindeutige Form –iez durch.
Bei doner, duner lautet die 3. Sg. dunne, duinst oder doigne [doɲə], doint,
doinse(t), doinst[29]).

IMPERFEKT INDIKATIV

aus cant- + –ēbam > –ẹa, statt cantābam (wohl zuerst Dissimilation habebam
> *abẹa, afrz. aveie, –oie)

105

chanteie, –oie	chantiiens, –ions
chanteies, –oies	chantiiez, –iez
chanteit, –oit	chanteient, –oient

Die nordwestfranzösischen Formen lauten (aus –abam > [–au̯a] > [o(u)ə]):

canto(u)e	cantiiens, –iuns
canto(u)es	cantiiez
canto(u)t	canto(u)ent,

z. B. R 203: portout „er trug".

IMPERFEKT SUBJONCTIF

(aus dem lateinischen Plusquamperfekt Konjunktiv, und zwar seiner Schnellsprechform, die cantássem statt cantavissem, cantasses statt cantavisses lautete)

chantasse	chantassons, chantissiens
chantasses	chantassez, chantissiez
chantast	chantassent

Beispiel:

Set a mei sole vels une feiz parlasses, ta lasse medre, si la [re]confortasses
Al 449 f.

„Wenn Du wenigstens einmal zu mir allein gesprochen hättest, wie sehr hättest Du [dadurch] Deine unglückliche Mutter getröstet"

PERFEKT

chantai < cantá(v)i	chantames < cantá(vi)mus
chantas < cantá(vi)sti	chantastes < cantá(vi)stis
chanta(t) < cant– + –a	chanterent < cantá(ve)runt

Die Form chantas statt, wie zu erwarten, *chantast bildet wahrscheinlich eine
Angleichung an die Endung –s (2. Sg.) im Präsens und Imperfekt und ver-
meidet zudem die Homonymie mit chantast (3. Sg. Imp. Subj.). Weiterhin ist
Analogie zum Futur und zu avoir Präs. möglich, mit der man auch die 3. Sg.
(–a analog chantera, a) erklärt. Dagegen cantávit > cantáuet > cantáut > ital.
und span. cantó.

PARTIZIP PERFEKT[30])

mask. Sg. R	chantez „gesungen"	Pl. R	chante(t)
Ob.	chante(t)	Ob.	chantez
fem. Sg.	chante(d)e	Pl.	chante(d)es

FUTUR

(aus der syntaktischen Verbindung Infinitiv plus habeo, z. B. cantare habeo
„ich habe zu singen, ich soll singen", die bereits futurhaltig war und schon im
Lateinischen neben den Futurformen cantabo und cantaturus sum bestand;
aus der Bedeutung „ich habe zu singen" entwickelte sich die temporale Bedeutung „ich werde singen")[30a]

cantáre (h)abeo > *cantaráio > afrz. chanterai [tʃãntərai] > nfrz. [ʒ(ə)ʃãtre],
umgangssprachlich [ʒ ʃãtre]:

chanterai	< c. hábeo
chanteras	< c. hábes
chantera(t)	< c. hábet
chanterons	< c. *(hab)ŭmus statt –ēmus, ŭmus > ǫmos > oms > ons
chantereiz, –ez	< c. (hab)ētis, –ātis
chanteront	< c. habunt statt habent

Pluralmorpheme im Rolandslied: 1. –um(s) oder –uns, 2. –ez oder –eiz,
3. –unt)
Der Plural der 1. und 2. Person erklärt sich daraus, daß –hab– > –av– in
Schnellsprechformen gar nicht artikuliert wurde.
Bei doner, duner „geben" lautet das Futur dorrai, donrai bzw. dur(r)ai.

Bei den Verben auf –er entwickelte sich später ein neues Prinzip der Futur-
bildung: Präsensstamm + –rai, –ras, –ra (daher: je lève – je lèverai). – Die
grammatikalisierte Periphrase aller + Infinitiv (futur proche) läßt sich vom
12. Jahrhundert an belegen.

KONDITIONAL

(aus dem syntaktischen Muster Infinitiv + habebam, das in Analogie zur
Verbindung Infinitiv + hábeo entstand, Dissimilation (hab)ēbam > *(ab)ęa)

cantare (hab)ēbam > *cantaręa > afrz. chantereie, –oie > nfrz. 17. Jh. [ʒə
ʃãtərε] > [ʒ(ə) ʃãtrε], geschrieben seit 18. Jh. je chanterais (vgl. 1.3.3):

chantereie, –oie	chanteri(i)ens (R: –iums)
chantereies, –oies	chanteri(i)ez (Futur: chantere(i)z)
chanterei(e)t, –oit	chantereient, –oient

Die semantische Entwicklung verlief parallel zur Entwicklung von cantare
habeo:

canto „ich singe" – cantare habeo „ich habe zu singen" > „ich werde singen"
    (vom Präsens aus gesehenes Futur);

*cantēbam „ich sang" – cantare habēbam „ich hatte zu singen" (z. B. ich sagte zu ihm, daß ich zu singen hatte) > „(ich sagte zu ihm,) ich würde singen" (von der Vergangenheit aus gesehenes Futur).

Hier ist das Konditional ein Tempus. Daran zeigt sich die erstaunliche Fähigkeit der Sprache, ein nicht-gegenwärtiges, nur in der Erinnerung vorhandenes Verhältnis (Vergangenheit-Futur dazu) auszudrücken, und dies mit einfachen Mitteln.

Die aus cantare habebam etc. entstandenen Formen erlangten zu gleicher Zeit die Fähigkeit, eine bloße Denkmöglichkeit (im Unterschied zu etwas Wirklichem) auszudrücken: sie wurden auch zur Ausdrucksform (= zum Modus) der sogenannten „Virtualität" bzw. „Irrealität". In hypothetischen Wenn-Perioden (chantereie, se ... „ich würde singen, wenn ..."), die eine bloße Denkmöglichkeit unter einer vielleicht möglichen oder einer irrealen Bedingung (lat. Akk. conditionem) enthielten, kamen die Formen chantereie, chantereies etc. besonders häufig vor. Daher die generelle (pars pro toto–) Bezeichnung frz. conditionnel, dt. Konditional.

Im Altfranzösischen wie im Neufranzösischen kann das Konditional sowohl als Tempus (Futur der Vergangenheit) wie auch als Modus (Virtualität und Irrealität) fungieren[31]).

Zwei Beispiele:

Ascendit in morum ut videret eum, quia inde habebat transire[32])
„Er stieg auf einen Maulbeerbaum, um ihn (Christus) zu sehen, denn dort würde er vorüberkommen"
(Konditional als Tempus, vgl. R 403–405)

Melz sostendreit les empedementz / qu'elle perdesse la virginitet[33])
„Lieber würde sie alle Beschwernisse erdulden, als daß sie ihre Jungfräulichkeit verlöre"
(sostendreit: Konditional als Modus, vgl. R 240, 257)

8.3   -ir < klt. -ire (4. Konjugation)

Beispiel: fenir < finīre „enden, aufhören, transitiv: beenden".

Zahlreiche Verben auf –īre wurden im Sprechlatein im Präsens durch das Infix –isc– erweitert, das ursprünglich den Beginn eines Geschehens ausdrückte (z. B. *finíscit „er beginnt aufzuhören" statt fīnit „er hört auf, er endet").

fenis	< *finísco	fenissons	< *finiscúmos
fenis	< *finíscis	fenissez	< *finiscátis
feni(s)t	< *finíscit	fenissent	< *finíscunt

PRÄSENS SUBJONCTIF

fenisse	< *finísca(m)	fenissons
fenisses		fenissez
fenisse(t)		fenissent

IMPERFEKT SUBJONCTIF

wie Präs. Subj., nur 3. Sg. fenist, stammt jedoch aus dem lateinischen Plusquamperfekt Konjunktiv fin(iv)ísse(m) etc.

IMPERFEKT INDIKATIV

fenisseie, –oie	fenissiiens
etc.	etc.

PERFEKT

feni	< finī(v)ī	fenimes	< finī(vi)mus
fenis	< finī(vi)stī	fenistes	< finī(vi)stis
fenit	< finī(vi)t	fenirent	< finī(ve)runt

PARTIZIP PERFEKT

mask. feni, fem. fenie (Pl. –s)

Beispiel:
Li empereres out sa raisun fenie R 194 „Der Kaiser hatte seine Rede geendet."
Zu dieser Verbklasse gehören u. a. afrz. garir, choisir, sesir, blandir, blesmir.
Heute haben etwa zwei Drittel der nfrz. Verben auf –ir die entsprechenden
Formen (z. B. das sog. Partizip Präsens auf –iss–).

Übung

Übersetzen Sie die folgenden Sätze und verdecken Sie dabei die deutsche Übersetzung:

Branches d'olive en voz mains portereiz R 80
„Ölbaumzweige werdet (= sollt) ihr in euren Händen tragen"

Enz en lur mains portent branches d'olive R 93
„In ihren Händen tragen sie Ölbaumzweige"

Chascuns portout une branche d'olive R 203
„Jeder trug (Imperf. Ind.) einen Ölbaumzweig"

Car m'eslisez un barun ... qu'a Marsiliun me portast mun message R 275
„Erwählt mir doch einen (Lehns-)Ritter ... der (mir) meine Botschaft zu Mar-
silie brächte (Imperf. Subj.; das zweite me ist ein sog. dativus ethicus, der die
persönliche seelische Anteilnahme des Sprechers ausdrückt und hier unübersetzt bleiben kann)

Se Deus ço dunet que jo de la repaire ... R 289
„Wenn Gott es gibt, daß ich von dort zurückkehre"

Jo vos durrai or et argent asez R 75, asez „(sehr) viel"
„Ich werde Euch viel Gold und Silber geben"

Cos d'espee garist et sainne molt tost L 1371f. (75f.) cos „Stich, Wunde"
„Die Wunde, die von einem Schwert stammt, heilt und vernarbt sehr schnell"

Et qui an garist autremant, il n'ainme mie lëaumant L 5387f. (81f.)
„Und wer davon auf andere Art genest, der liebt keineswegs in rechter Weise
(treu, aufrichtig)"

8.4   -eir, -oir < klt. -ḗre (2. Konjugation)

Diese Konjugationsgruppe enthält viele Verben, die entweder schon im Lateinischen unregelmäßig waren (z. B. vĭdēre, Perfekt unregelmäßig: vīdī) oder
durch die lautliche Entwicklung unregelmäßig wurden.

veeir, –oir < klt. vĭdēre

PRÄSENS INDIKATIV	vei, voi < vĭdĕō oder *vĭdo	veons, veomes
	veis, vois	veez
	veit, voit	veient, voient
PERFEKT	vi < vīdī	veïmes, vimes
	veïs, vis	veïstes, vistes
	vit	virent

PARTIZIP PERFEKT	veü, vu < slt. vedutu(m) statt klt. vīsum
GERUNDIUM	in der häufigen Verbindung Nominalgruppe + ve(i)ant, ve(i)ant + Nominalgruppe kann die Nominalgruppe im Altfranzösischen nicht nur Objekt sein (z. B. L 2148 bzw. 2150), sondern auch Subjekt. Diese Konstruktion wird meist mit „vor den Augen + Genitiv" oder „angesichts ..." übersetzt.

voleir, –oir < slt. *vǫlere für klt. vĕlle (Präs. vǫlō)

PRÄSENS INDIKATIV	1. Sg. vue(i)l, vo(e)il(l) < slt. *vǫleo
	3. Sg. vuelt, vo(e)lt; vielt > viaut (Chrétien)

| Präsens Subjonctif | 1. Sg. vueil(l)e, voeille < *volçam |
| | 3. Sg. voeil(l)e(t) |

| Perfekt | 1. Sg. vo(i)l < vǫlu̯i oder vols, vos < *vǫlsi̯ |
| | 3. Sg. volt oder volst |

| Partizip Perfekt | volu(t) < vǫl– + –u̯tu(m) |
| | volu(d)e < vǫl– + –u̯ta |

cheoir (R: cadeir) < slt. *cadẹre

Präsens Indikativ	chie(t) < wahrsch. *cado	che(d)ons
	chiez	che(d)ez
	ch(i)et	chie(d)ent (R: cheent)

| Perfekt | 1. Sg. cheï, cheu, chui |
| | 3. Sg. cheït, cheut (R: caït) |

| Partizip Perfekt | cheü, chaü < cad– + –u̯tu(m) |

Gerade die häufigen unregelmäßigen Verben (z. B. klt. vidēre) erhalten sich meist, weil sie (eben wegen ihres häufigen Vorkommens) gut im Gedächtnis der Sprecher verankert sind und die ältere Generation jeweils „korrigierend" auf die jüngere Generation einwirkt, wenn sie bei der Erlernung der Muttersprache in Analogie zu Modell-Verbformen regelmäßige, aber „falsche" Formen bildet. – Die selteneren unregelmäßigen Formen aber werden früher oder später ersetzt, sei es durch regelmäßige Formen (z. B. klt. cádĕre, Perfekt cécidī, durch slt. *cadére), sei es durch regelmäßige und zugleich expressivere Verben. So wird slt. *cadēre > afrz. cheoir, nfrz. choir seit dem 16. und 17. Jahrhundert zunehmend durch *tomber*[34]) verdrängt.

8.5   -re < klt. -ĕre (3. Konjugation)

Die lateinische 3. Konjugation enthielt ebenfalls neben regelmäßigen Verben wie lĕgĕre „sammeln, (aus)lesen" (Präs. lĕgō, Perf. lēgī) zahlreiche unregelmäßige Verbgruppen, z. B. Verben mit Perfektformen auf –vī bzw. –uī.

Beispiel: querre „suchen, wollen, begehren" < klt. quaerere, Perfekt quaesīvī.

Präsens Indikativ

quier < quaerō	querons
quiers	querez
quiert, Al quert	quierent

PERFEKT

quis < slt. *quẹsị	querismes, queïmes
quesis, queïs	queristes, queïstes
quist	quistrent

PARTIZIP PERFEKT

quis (in Analogie zum Perfekt)

Erklärung: klt. quaerō > slt. quẹro > afrz. quier (vgl. 1.3.1, 1.3.3, 1.3.4); slt. *quẹsị (statt klt. quaesīvī) in Analogie zu *prẹsị „ich nahm", dann Assimilation: das ị bewirkt Angleichung des vorausgehenden ẹ: *quịsị, darauf Schwund des Endsilbenvokals: quis. Vgl. *prẹsị > *prịsị > pris (zu prendre < prēndĕre < prĕhĕndĕre).

8.6 aveir, -oir < klt. habere

PRÄSENS INDIKATIV

ai, e < hábeo (> *abjo > *ajo)
as < hábês
at, ad, a < hábet

avum(s), avun (Al, R), avomes, avons (L) < hab– + –ŭmus
  wahrscheinlich analog zu sŭmus „wir sind"

avez < hab– + –átis (analog zur 1. Konjugation)
unt (Al, R), ont (L) < hábunt

PRÄSENS SUBJONCTIF

aie < hábeam	aiuns (Al, R), ai(i)ens
aies	ai(i)ez
ai(e)t	aient

IMPERFEKT INDIKATIV

3. Sg. aveit, –oit < habēbat

IMPERFEKT SUBJONCTIF

3. Sg. oüst, eüst < habuisset (Plusqpf. Konj.)

PERFEKT

oi < habụi	oümes, eümes
oüs, eüs < habụisti	oüstes, eüstes
out, ot < habụit	ourent, orent

112

Bei der Übersetzung ist out, ot „er hatte" nicht zu verwechseln mit ot „er hört" (Präs.), oït „er hörte" (Perf.) von oïr < audīre und mit ot, od, o „mit, bei" < ăpud „bei", slt. auch „mit".

PARTIZIP PERFEKT

oü, eü < *(h)abŭtu(m), durch folgendes [y] (< [u̯]) wurde das [a] zu [o] oder [e] geöffnet (Assimilation).

FUTUR

avrai	avrum, –omes, –ons
avras	avrez, –eiz
avrat	avrunt, –ont

KONDITIONAL avreie etc. (siehe chanter)

8.7 estre < slt. éssĕre statt klt. esse

PRÄSENS INDIKATIV

sui (analog zu fui)	sumes, somes < sŭmus; esmes	
(i)es < es	(i)estes	< estis
est < est	sunt, sont	< sunt

PRÄSENS SUBJONCTIF

seie < *sǐa	seiuns, seiens
seies	seiez
sei(e)t	seient

(L: soie etc.) – 3. Sg.: seit < sǐt, seiet < sǐat, zu 1. Sg. *sǐa oder zu fiat.

IMPERFEKT INDIKATIV

Sg. (i)ere   < ĕram oder estoie (z. B. L 206) < st– + –ēbam > –ęa,
    (i)eres   < ĕras oder estoies   statt stābam
    (i)eret, ert < ĕrat oder estoit

IMPERFEKT SUBJONCTIF

3. Sg. fust < *fūsset statt fuisset

PERFEKT

fui < fŭī	fumes
feüs, fus	fustes
fut, fu, estut	furent

PARTIZIP PERFEKT

esté(t) < statum

FUTUR

ier < ĕro;	serai, estrai	ermes; serum
iers < ĕris;	seras, estras	ertes; serez, esterez
iert, ert < ĕrit	serat, estrat	(i)erent, serunt

KONDITIONAL sereie etc. (siehe chanter)

Imperfekt (Indikativ) und Futur sind also leicht zu verwechseln und in der Form *ert* lautgleich.

Die Formen estoie etc. (j'étais), estut, esté (été), estant (étant) stammen von dem Verb ester < stāre „stehen, (stehen)bleiben". Dieses Verb existierte im Altfranzösischen noch neben estre (vgl. Al 391, L 319); es ging erst später wegen seiner Klang- und Sinnähnlichkeit mit estre > être in diesem auf.

Ausführliche Darstellungen der altfranzösischen Verbformen sind in folgenden Werken enthalten:

Rheinfelder, H.: Altfranzösische Grammatik, 2. Teil: Formenlehre. München (Hueber) ²1975; siehe auch Register am Schluß des Buches.

Pope, M. K.: From Latin to Modern French, with especial consideration of Anglo-Norman. Manchester 1934 (u. ff.), S. 332–419.

Anglade, J.: Grammaire élémentaire de l'ancien français. Paris (Colin) ¹1917 (u. ff.), seit 1965 in der „collection U".

Übung

Identifizieren Sie die folgenden Formen des Rolandsliedes und decken Sie dabei die rechte Seitenhälfte zu.

Beispiel: (Vers)

enveiez	enveiier, Präs. Ind. Pl. 2	(40)
j'enveierai	enveiier, Futur Sg. 1	(43)
il vos enveiat	enveiier, Perfekt Sg. 3	(202)
Se Deus ... dunet que ...	duner (= donner), Präs. Ind. Sg. 3	(289)
(Hs verneint), qui ... dunne	duner, Präs. Subj. Sg. 3	(18)
Vos ... durrez	duner, Futur Pl. 2	(30)
ferat	faire, Futur Sg. 3	(57)
fereit	faire, Kond. Sg. 3	(240)
Jo (me) crendreie	criendre (= craindre), Kond. Sg. 1	(257)
portereiz	porter, Futur Pl. 2	(80)
portout	porter, Imperf. Ind. 3	(203)
portast	porter, Imperf. Subj. 3	(276)
apelat	apeler (= appeler), Perf. Sg. 3	(63)

ert, serat	estre (= être), Futur Sg. 3	(51, 52)
avrum	aveir (= avoir), Futur Pl. 1	(3304)
aiuns	aveir, Präs. Subj. Pl. 1	(60)

8.8 Präsens und Perfekt

Im Gebrauch der Zeiten unterscheidet sich das Altfranzösische stark vom Neufranzösischen. In frühen Texten (z. B. Alexiuslied, Versepen) wechseln in der Erzählung historisches, vergegenwärtigendes Präsens, Perfekt (passé simple) und das seltenere passé indéfini (passé composé) miteinander ab, wobei dieser Wechsel vorwiegend ein stilistisches Ziel anzustreben scheint: Vielfalt (varietas) durch Veränderung im Ausdruck[35]). Im höfischen Roman hingegen, z. B. in Chrétiens Yvain (L), sind die Tempora bereits strenger nach ihrer semantischen Funktion unterschieden[36]).

Die folgende Übung soll vor allem dazu beitragen, in der Übersetzung altfranzösischer Texte eine Verwechslung häufiger Formen des Präsens Indikativ mit häufigen Formen des Perfekts zu vermeiden.

Übung:

Beispiele:

apeler:	apelet Präs. (R 14), apelat Perf. (R 63)
fenir:	fenist Präs., fenit Perf.
servir:	sert Präs. (R 8), servit Perf. (aber in ai servit Part. Perf.)
deveir:	deit Präs. (R 36), dut Perf. (R 333)
querre:	quiert Präs. („sucht, begehrt"), quist Perf.
aveir:	at, ad, a Präs. („hat"), out, ot Perf.

Verdecken Sie bei der Übersetzung der altfranzösischen Sätze jeweils die folgende Zeile:

Sur tuz les pers l'amat li emperere Al 18, pers „Standesgenossen"

„mehr als alle seine Standesgenossen liebte ihn der Kaiser"

Plus aimet Deu que [tres] tut sun linage (Geschlecht) Al 250

„Er liebt Gott mehr als alle, von denen er herstammt" (wörtlich: sein gesamtes Geschlecht)

Soventes feiz lur veit grant duel mener Al 241

„Oftmals sieht er sie große Klage bekunden" (sehr klagen)

Son seignor siust toz les galos tant que il le vit descendu L 754f.

115

„Er folgt seinem Herrn im Galopp, bis er ihn erblickte, abgestiegen" oder „bis er ihn neben dessen Pferd erblickt hat"

Or l'at od sei Al 609a (l' = la pulcele)
„Nun hat er sie bei sich"

Cel jurn i out cent mil lairmes pluredes Al 595
„An jenem Tage gab es hunderttausend Tränen", Tränen (als wirklich ge-weinte)

si m'en alai lues que je poi L 277/275, lues que „sobald (als)"
„und (ich) entfernte mich, sobald ich konnte"

Lors quiert tant que il trueve l'uis / del prael … L 5240 / L 5234
„Dann sucht er so lange, bis er den Eingang der Wiese findet"

Quant se redrecet, mult par out fier lu vis (Ob., das Gesicht) R 142
„Als er sich aufrichtete, hatte er ein sehr stolzes Gesicht"

Quant l'ot Rollant, si cumençat a rire R 302
„Als Roland das hört, hat er zu lachen begonnen"

Das Perfekt (passé simple) gehört heute zu den Charakteristika der französi-schen Schriftsprache. In der gesprochenen Standardsprache war es nicht nur im Alt- und Mittelfranzösischen, sondern noch im 16. Jahrhundert, in der „conversation des honnêtes gens" sogar noch im 17. Jahrhundert, dialektal (Südfrankreich, Normandie, Bretagne, Lothringen) Anfang des 20. Jahr-hunderts lebendig. Bei seinem stufenweisen Schwund und seinem Ersatz durch das (eigentlich gegenwartsbezogene, die Abgeschlossenheit in bzw. Rückschau aus der Gegenwart ausdrückende) passé composé – bzw. in der mündlichen Erzählung durch die Gruppe Adverb wie puis, alors + passé composé oder Präsens – haben mehrere Faktoren zusammengewirkt. Die Tendenz zur Prä-determination und zum analytischen Ausdruck spielte dabei eine ebenso wichtige Rolle wie der Vorzug der „regelmäßigen" Form gegenüber dem komplizierten und z. T. schwankenden Formensystem des passé simple. Aber auch semantische, pragmatische, kulturgeschichtliche und vielleicht auch pho-netische Faktoren haben diese Entwicklung beeinflußt[36a]).

9 Umwandlungen von Kernsätzen

Kernsätze sind einfache Aussagesätze, z. B. „Peter schlägt Paul". Das Altfranzösische besaß, vor allem wegen seiner Zweikasusdeklination, mehrere Kernsatztypen, die sich aber in ihrer Häufigkeit unterschieden. Unter den transitiven Aussagesätzen war z. B. der Typ „Pierres fiert Paul" häufiger als die Voranstellung des Objekts in „Paul fiert Pierres". Leitete jedoch ein Adverb, eine adverbiale Bestimmung, ein direktes oder indirektes Objekt den Satz ein, so war der Kernsatztyp complément (d'objet ou adverbial) – verbe – sujet – ... nahezu obligatorisch (Ausnahme z. B.: Al 33), und damit auch die Inversion des Subjekts. Das galt auch, wenn ne (s. folg. Bsp.) und si „so, und", die man als Adverbien betrachten darf, den Satz einleiteten[37]).

Die Kernsätze lassen sich nach bestimmten Regeln, die in den einzelnen Sprachen und deren historischen Sprachstufen unterschiedlich sind, u. a. in Negativsätze, Fragesätze und imperativische Sätze umwandeln[38]). Einige wichtige Regeln, nach denen im Altfranzösischen solche Umwandlungen erfolgten, lassen sich aus Texten erschließen und sollen im folgenden auf einfachste Weise, ohne formale Symbole und meist auch ohne Beschreibung der möglichen Stellungen, dargestellt werden.

9.1 Negativsätze

Die einfache Negation geschieht durch Hinzufügung des Morphems ne < lt. non (in frühen Texten auch nen):

Ne volt li emfes sum pedre corocier Al 54

„Das Kind wollte (oder: will, vgl. 8.4) seinen Vater nicht erzürnen"

Das Morphem ne kann auch mit anderen Morphemen amalgamiert werden, z. B. nel (= ne le):

Ses enemis nel poet anganer Al 160

„Sein Feind (= der Teufel) kann ihn nicht überlisten"

Die verstärkte Verneinung (vgl. dt. gar nicht, überhaupt nicht) kann im Altfranzösischen durch zahlreiche Verbindungen erfolgen, die eine geringe Größe

117

ausdrücken (vgl. dt. nicht < ni wiht „nicht ein Wicht", ... keine Bohne),
z. B. ne ... mie („Krume"), ne ... goutte („Tropfen"), ne ... pas („Schritt",
nfrz. nicht verstärkte, sondern normale Verneinung), aber auch durch ein
pleonastisches ne ... ne.

Beispiele:

De sa parole ne fut mie hastifs R 140
„Von seiner Rede her [gesehen] war er keineswegs vorschnell"
Cel n'en n'i at kin report sa dulur Al 555
„Es gibt überhaupt keinen, der nicht sein Leiden hinwegschaffte (= alle
werden geheilt)", statt nfrz. il y a findet man afrz. nur i a(t), i a(d), a.

(In Verbindungen wie ne ... nient „nicht irgendetwas" Al 529, ne ... rien(s)
„nicht ... irgendeine Sache", ne ... nul „nicht irgendein(en), kein(en)" hat das
zweite Wort jedoch eine positive Bedeutung.)

Die Verneinung *zweier* Sätze oder Satzglieder geschieht nach dem Muster
ne ... ne ne (dt. weder ... noch):

Nem fesis mal, ne jo nel te forsfis R 2029
„Weder fügtest Du mir ein Leid zu, noch tat ich es Dir (zu Unrecht) an"
Ne ben ne mal ne respunt sun nevuld R 219 (ben und mal können hier
Substantive wie auch Adverbien sein:)
„Er antwortet seinem Neffen weder zu dessen Vorteil noch zu dessen Nach-
teil"

Bei vorausgehender Negation wird jedoch nur das letzte Glied verneint:

Onques ne fist par Durandart
Rolanz, des Turs, si grant essart
en Roncevax ne an Espaigne L 3235 ff. (3231 ff.)
„Nie hat Roland mit Durendal (= seinem Schwert)
unter den Heiden ein solches Gemetzel vollbracht,
weder in Ronceval noch in Spanien."

Auch der verneinte Satzanschluß mit ne ... (ne ...) ist häufig (Typ ne je ne
truis ... „und ich finde nicht ...").

9.2 Fragesätze

Ein Kernsatz wird nach folgenden Mustern in einen Fragesatz verwandelt:

9.2.1 Substitutionsfrage

Der Sprecher setzt an die Stelle des ihm unbekannten Satzgliedes X ein Fragewort ein (= erste Substitution); in seiner Antwort ersetzt der Hörer wieder-

um das Fragewort durch ein Satzglied, das die Information enthält, die er dem Fragenden gibt (= zweite Substitution), und zwar in einem vollständigen Satz oder in einem „elliptischen" Satz, der nur das betreffende Satzglied enthält. (Diese Art des Fragesatzes heißt auch „Ergänzungsfrage", weil der Fragesatz um die gewünschte Auskunft „ergänzt" wird.) Bei dieser doppelten Substitution sind weitere Umwandlungen möglich, die hier nicht dargestellt zu werden brauchen.

Ein Beispiel:

> E ki serat devant mei en l'ansguarde? R 748
> „Und wer wird vor mir in der Vorhut sein?"
> (Antwort: Oger de Denemarche, R 749.)

Wie in einem Kernsatz, so kann auch in einer Substitutionsfrage ein Objekt vorausgehen und damit besonders betont werden:

> Sa grant valor kil purreit acunter? R 534 (kil = ki la)
> „Seinen großen Wert, wer könnte den berichten?"

Der zu Anfang betrachtete Text aus L enthält eine Fülle von Substitutionsfragen, die durch qui (R: ki) „wer?", cui (R: qui) „wen?", que „was?" und an quel meniere „auf welche Weise?" eingeleitet werden. (Das betonte Neutrum coi, R quei, kommt in diesem Text nicht vor; es tritt nur in der Verbindung por coi, R por quei, häufig auf.) Es ist die elliptische Form der meisten Frage- und Antwortsätze, die hier das rasche Fortschreiten der Ursachenermittlung ermöglicht, die mit dem vollen Liebesgeständnis Yvains endet. Durch die Anlehnung dieses Dialogs an das Modell von Fragen und Antworten in der Gerichtsverhandlung (vgl. auch forfet v. 2023) entsteht der „preziöse" Effekt.

9.2.2 Alternativfrage und Antwort

Die Alternativfrage enthält kein Fragewort, und für den Hörer stellt sich, falls er antworten will, nur die Alternative, bejahend oder verneinend zu antworten. Ein im Verb enthaltenes Subjekt wird durch ein postverbales Pronomen wiederholt:

> („Ceanz est ja.") – „Ceanz est il?" L 1898f. (1900f.)
> („Hier drinnen ist er schon.") – „Hier drinnen ist er?"

Ein substantivisches Subjekt *kann* durch ein Pronomen wiederholt werden; dieses Muster ist also keine „Erfindung" des 17. Jahrhunderts:

> L'aveir Carlun est il apareillez? R 643
> „Ist der Schatz Karls (= für Karl) schon bereitgestellt?"

Die Antwort des Hörers oder des mit sich selbst sprechenden Ichs auf Alternativfragen richtet sich nach dem Grad der gewünschten Bekräftigung. Die häufigsten Antworten in dieser Skala lauten:

nun, certes oder		„gewiß nicht"
nenil	< nōn *īllī	„nein" (bezogen auf 3. Person), ähnlich ne(n) tu und naie < non ego (1. Sg.) „nein", wörtlich: „nicht ich"
nun (oder non)	< nōn	„nein"
oïl	< hŏc *īllī	„ja" (nfrz. oui)
oïl voir	(voir < vēru)	„ja, wahrlich"
und oïl, certes		„ganz gewiß"

(Eine Art Superlativ stellt dar: voire voir, voire < vēra, Pl. – Besonders die einfache Bejahung und Verneinung kann auch, wie im Lateinischen, durch die Wiederholung des Verbs bzw. dessen Substitution durch das Ersatzverb faire bekräftigt werden. Vgl. L 3617f. (3611f.) und R 255.)

Ein Beispiel:

> Et or donc ne s'antre'ainment il?
> Oïl, vos respong, et nenil;
> et l'un et l'autre proverai ... L 6001f. (5995f.)
> „Dann lieben sie einander also nicht?
> Ja, antworte ich euch, und: nein,
> und beides werde ich beweisen"

Die späteren Bezeichnungen langue d'oïl [lãngə doïl] für das damalige Französisch und langue d'oc (oc < lt. hŏc) für die damalige Sprache Südfrankreichs („Provenzalisch") stammen von den Bejahungsmorphemen, die als Kriterien der „sprachgeographischen" Abgrenzung dienten[39]).

9.3 Imperativische Sätze

Im Altfranzösischen entstehen imperativische Sätze nach mehreren Mustern:
a) car „doch" (wünschende Aufforderung) plus Imperativ 2. (oder 1.) Person Sg./Pl.:

> Cumpaign Rollant, kar sunez vostre corn R 1051
> Cumpainz Rollant, l'olifan car sunez R 1059
> „Gefährte Roland, blast (doch) [in] Euer Horn (den Olifant)!"

Es ist bezeichnend, daß Oliviers nochmaliges Drängen v. 1070 das Morphem der wünschenden Aufforderung nicht mehr enthält.

Varianten von car sind kar, quar, quer.

(Das Morphem car kann jedoch auch einen begründenden Satz einleiten und bedeutet in diesem Falle „denn".)

b) einfacher Imperativ (häufig mit betontem Pronomen und Anredetitel):
(la pulcele) m'ot wird: Oz mei, pulcele Al 66
„Hör mich an, Jungfrau"

c) Futur 2. (oder 1.) Person, meist am Satzende:
Seignurs baruns, a Carlemagne irez R 70
„Ihr Herren Ritter, geht zu Karl dem Großen"
Vgl. nfrz.: Tu ne tueras point.

d) Or + de + best. Artikel + Infinitiv (Typ Or del ferir „Laßt uns zuschlagen")
Verneinte imperativische Sätze werden im Altfranzösischen nach zwei Mustern erzeugt:

a) durch die Hinzufügung von ne vor den Imperativ, wie im Neufranzösischen:
Ne dites tel ultrage! R 1106
„Sprecht nicht so vermessen"

b) nach der Regel: ne plus *Infinitiv:*
Sire cumpainz, amis, nel dire ja! R 1113
„(Herr) Gefährte, Freund, sagt das nicht mehr!"
Garde, ne demorer tu pas L 734
wörtlich: „Gib acht, zögere nicht!" (= laß nicht auf dich warten!)

Diese Regel ist nicht so außergewöhnlich, wie es scheint. Sie erzeugt z. B. auch Sätze in der Kindersprache und in der Sprache alltäglicher Aufschriften, etwa nfrz. ne tirer qu'en cas de danger.
Auch der Konjunktiv kann eine Funktion der (gemilderten) Aufforderung ausdrücken (z. B. L 132).

9.4 Hypothetische Perioden

Durch Umwandlung zweier Kernsätze und Hinzufügung des Elements „Bedingung" (meist ausgedrückt durch se „wenn") entsteht eine hypothetische Periode:
„Jo i puis aler b(i)en", verbunden mit „Li reis (lo) voelt" wird
Se li reis voelt, jo i puis aler b(i)en R 258

„Wenn der König will, kann *ich* (wohl) dorthin gehen."

Der jeweilige Sprecher (im vorigen Satz: Olivier, Rolands Gefährte) kann sich nun verschieden ausdrücken, je nachdem, ob er die angenommene Bedingung (und damit das im Nebensatz ausgedrückte angenommene Ereignis) für durchaus möglich bzw. gewiß, für vielleicht möglich oder für völlig irreal hält. Die Sprecherperspektive entscheidet also über die jeweilige Konstruktion. Die altfranzösischen Sprecher und Autoren hatten dabei zahlreiche Wahlmöglichkeiten (in Modus und Tempus) und konnten dadurch viele Nuancen ausdrücken. Dieser Vielfalt der zulässigen Konstruktionen steht die Beschränkung auf wenige Regeln im Neufranzösischen gegenüber[40]) (vgl. andere Beispiele für diesen Befund in 6 und 7).

Die Zeichen bedeuten:

Ns	= Nebensatz	Imp.	= Imperfekt
Hs	= Hauptsatz	Plqu.	= Plusquamperfekt
Ind.	= Indikativ	( )	= weitere Wahlmöglichkeit
Sj.	= Subjonctif	bez.	= bezogen auf

Angenommene Bedingung (im Ns)	Afrz. Ns	Afrz. Hs	Nfrz. Ns	Nfrz. Hs
1. durchaus möglich (oder generell, gewiß)	Präs. Ind. (Futur)	Präs. Ind. (Futur)	Präs. Ind.	Präs. Ind. (Futur)
2. vielleicht möglich	Imp. Sj. (Präs. Sj.) (Präs. Ind.) (Imp. Ind.) (Kondit.)	Imp. Sj. (Futur) (Präs. Sj.) (Kondit.)	Imp. Ind.	Kondit.
3. irreal a) bez. Gegenwart	Imp. Sj.,	Imp. Sj. (Kondit.) (Futur)	Imp. Ind.	Kondit.
b) bez. Vergangenheit	Imp. Sj.,	Plqu. Sj. (Imp. Sj.)	Plqu. Ind., (Plqu. Sj.,	Kondit. II Plqu. Sj.)

Der Nebensatz, der die angenommene Bedingung enthält, kann im Altfranzösischen durch *se* „wenn" (äußerst selten auch si) eingeleitet werden. Im Neufranzösischen ist die Einleitung durch si obligatorisch. (Das Morphem *si*, i. U. zu se, ist im Altfranzösischen häufig ein Zeichen dafür, daß ein weiterer Hauptsatz beginnt; in diesem Fall kann es je nach Kontext durch „so" oder „und" übersetzt werden oder in der deutschen Wiedergabe unübersetzt bleiben. Zur mehrfachen Bedeutung von afrz. *si* siehe Anhang A.)

Beispiele (zum Vergleich die neufranzösische Übersetzung von Bédier[41]), die freilich manchmal nicht übliche, dem altfranzösischen Text angepaßte Formen wählt):

1. Se li reis voelt, jo i puis aler ben R 258
   „Si le roi veut, j'y puis aller très bien" (nfrz. normal: je peux, nur verneint: je ne puis)

2. Se veïssum Rollant, einz qu'il fust mort,
   ensembl'od lui i durriums granz colps R 1804
   (Imp. Sj. – Kondit.)
   „Si nous revoyions Roland encore vivant,
   avec lui nous frapperions de grands coups!"

(VAR.: Se dan Roland veions … i ferirons granz cols[42]), mit Wahl einer anderen Sprecherperspektive)

Präs. Sj. – Futur: R 2682 – 4, Imp. Ind. – Futur: L 2564 ff. (2566 ff.), Präs. Ind. – Präs. Sj. (VAR.: Kondit.) L 2576 (78)

3a) Fust i li reis, n'oüssum damage R 1102
    „Si le roi était là, nous ne serions pas en péril"
    (wörtlich: hätten wir keinen Schaden, träfe uns kein Schaden)

3b) Sem creïs(s)ez, venuz i fust mi sire R 1728
    „Si vous m'aviez cru, mon seigneur serait revenu"
Besonders wichtig ist die Mehrdeutigkeit der häufigen hypothetischen Periode mit Imperfekt Subjonctif im Nebensatz und im Hauptsatz. In einem anderen Kontext könnte z. B. der Satz 3a) auch bedeuten „Wäre der König da gewesen, so hätte uns kein Schaden getroffen" (Irrealis der Vergangenheit). Der Ersatz dieser mehrdeutigen Konstruktion durch die Konstruktionen mit Imp. Ind. – Kondit. (Potentialis und Irrealis der Gegenwart), Plqu. Ind. – Kondit. II (Irrealis der Vergangenheit) ist schon in Texten des 12. Jahrhunderts häufig anzutreffen. Später werden diese Kombinationen, die Tempusmetaphern enthalten, zu festen Regeln, doch findet man auch in der streng normierten neufranzösischen hypothetischen Periode in bestimmten Fällen noch andere Tempus- bzw. Moduskombinationen[43]).

Übung I (zu 9.1 und 9.3)
Übersetzen Sie die folgenden Sätze und verdecken Sie dabei die deutsche Übersetzung:

Li quens Rollant … sunet sun olifan R 1761 f.

„Graf Roland … bläst den Olifant (sein Horn aus Elfenbein)"

L'olifan sunet a dulur et a peine R 1789
„Den Olifant bläst er unter Schmerzen und Pein"
(peine: synonym mit dulur, emphatische Ausdrucksdoppelung)

Cumpainz Rollant, l'olifan car sunez R 1059
„Gefährte Roland, blast doch den Olifant!"

Cumpainz Rollant, sunez vostre olifan R 1070
„Gefährte Roland, blast [endlich] den Olifant!"

Vostre olifan suner vos nel deignastes R 1101
Vostre olifan ne deignastes suner R 1171
wörtlich: „Euren Olifant zu blasen, geruhtet Ihr nicht."

Übung II (zu 9.1 bis 9.4)

Übersetzen Sie die folgenden Sätze und verdecken Sie die deutsche Übersetzung. Das Zeichen → bedeutet: Lesen Sie die folgende Zeile, bevor Sie
übersetzen.

E Sarrazins nes unt mie dutez R 1186
„Und die Heiden (R) haben sie (Ob.) keineswegs gefürchtet"

Ne reis ne quons n'i poet faire entrerote (wörtlich: Durchgang) Al 514
„Weder König noch Graf kann dort hindurchkommen" (im Kontext: daß …
kann)

Ceste bataille car la laisses ester! R 3902 (ester wörtlich: stehenbleiben)
„Laß diese Schlacht ruhn!"

avra il droit, se il se plaint? Nenil, qu'il ne savra de cui. →
L 6104f. (6098f.) que = hier nfrz. parce que
„Wird er Recht bekommen, wenn er sich [über jdn.] beklagt?
Keineswegs, denn er wird nicht wissen über wen."

„Jo cornerai, si l'orrat li rei Karles." →
Dist Oliver: „Ne sereit vasselage" R 1714
„Ich werde das Horn blasen, König Karl wird es hören."
Oliver sprach: „Das läge wahren Rittern fern"
(*si* ist hier lediglich Hauptsatzeinleitung; vasselage: Oberbegriff für Ethik und
Verhalten des Lehnsritters)

Et lors que ele pot veoir →
le roi, si leissa jus cheoir / son mantel ... L 2711 ff. (2713 ff.)

„Und sobald sie den König erblicken konnte, ließ sie ihren Mantel hinabfallen"

Übung III (zu 9.4)

Übersetzen Sie die folgenden Perioden (→ = siehe nächste Zeile) und verdecken Sie jeweils die vorgeschlagene Übersetzung:
Se lui 'n remaint, sil rent as poverins Al 100
„Wenn ihm (davon) etwas bleibt, (so) gibt er es den Armen."
(se „wenn, immer wenn"; der Ns enthält hier eine generelle und gewisse Bedingung. Die Hs-Einleitung *si* kann im Deutschen unübersetzt bleiben.)

Car bien s'esforcera, s'il vialt L 1838, nur Ed. Roques
„Denn, wenn er's will, wird er sich gewiß Mühe geben."

S'en ma mercit ne se culzt a mes piez ... jo li toldrai → la corune del chef
R 2682 ff. (culzt = Präs. Subj., mercit „Gnade")
„Sollte er sich mir nicht zu Füßen werfen und um Gnade bitten, so werde ich
ihm die Krone [schon] vom Haupt reißen"

Encores, se il pooit estre ... / verroie volontiers la fors → la processiön ...
L 1271 ff. (procession hier „Leichenzug")
„Doch, wenn es möglich wäre, würde ich gern den Leichenzug dort draußen
sehen"

Ço dist li reis: „Jo oi le corn Rollant!
Unc nel sonast, se ne fust cumbatant." R 1768 f.
„Da (eigentlich: dies) sprach der König: ich höre das Horn Rolands.
Er bliese es gewiß nicht, wenn er nicht im Kampf stünde.

Car s'il poüst, il t'eüst mort L 1770 (1772) morir „töten"
„Denn hätte er's gekonnt, er hätte Dich getötet."

Anmerkungen zur Morphosyntax

[1]) Dagegen hat nfrz. ce adjektivische Funktion (z. B. ce livre), als wirkliches Pronomen ist es nur noch in festen Verbindungen üblich (z. B. c'est ... und ce que ...).
Dem afrz. ce entspricht in der Regel nfrz. cela bzw. die Schnellsprechform ça.

[2]) Die französische Schulgrammatik nimmt eine Einteilung nach „compléments"
(objet direct, objet indirect, circonstanciel), „attributs" (z. B. prendre qn. *à témoin*)

und „adverbes" vor. Diese traditionelle Einteilung findet sich z. B. auch in Brunot/ Bruneau: Précis ..., S. 488. Zur Problematik des Begriffes complément und zu einer der französischen Sprache angemesseneren Syntax siehe z. B. Guiraud, P.: La syntaxe du français, Paris ³1967, S. 52–57.

[3]) Vgl. Rothe, W.: Strukturale Sprachwissenschaft und Historische Grammatik, in: ZrPh 82 (1966), S. 583–596.

[4]) Für die häufigste Stellung des Verbs gilt:
klt.: Nachstellung des Verbs bevorzugt (s. Dressler, W.: Eine textsyntaktische Regelung der idg. Wortstellung, in: Zeitschrift für vergleichende Sprachforschung 83, 1969, S. 1–25, bes. S. 14 unter § 17 und Anm. 1). Afrz.: Verb in Satzmitte (s. Wartburg, W. v.: Die Ausgliederung..., Bern 1950, S. 110f. Wartburgs Schlußfolgerung daraus ist freilich anzuzweifeln). Im Rolandslied zeigen 57%, bei Chrétien schon 67% der Sätze die Stellung S – V – C.

[5]) Zur Konstruktion c'est ... qui/que vgl. Brunot/Bruneau: Précis, S. 248f. Dieser hervorhebenden Konstruktion entsprachen in der Frage die Verbindungen mit est-ce, bes. est-ce que (ebd. S. 249). Die Verbindung est-ce que ist aber inzwischen zum reinen Fragesignal [ɛsk] geworden, vgl. Martinet: Eléments S. 21 (1–15), während die Konstruktion c'est ... qui ihre hervorhebende Funktion bewahrt hat.

[6]) Dieser Vorgang verläuft in mehreren Stufen. Er wird zudem durch regionale und soziale Unterschiede kompliziert. Bereits im 11. und 12. Jahrhundert beginnen [–s] vor konsonantisch anlautendem Wort und [–t] zwischen zwei Konsonanten zu verstummen (z. B. les freins > le freins, saint batesma > sain batesma, Al 28, Schreibung a für [ə]). Im 13. Jahrhundert schwindet [–s] im allgemeinen. Spätestens während des 16. Jahrhunderts verstummen [–s] (selbst in Wörtern wie toujours) und [–t] generell vor Konsonant, z. B. parle(n)t bien > [parl(ə)] bien. Nur in der liaison vor Vokal (z. B. vient-il?) und in einigen Wörtern vor einer Sprechpause (z. B. j'en ai six [sis]) bleiben [–s] und [–t] erhalten. – Vgl. Pope: From Latin ..., S. 219–224, 313f.; Brunot/Bruneau: Précis, S. 36f. und 338f., zur liaison siehe Klein: Phon. u. Phonol., S. 160ff., bes. 172.

[6a]) Vgl. Wartburg, Einf. unter II, S. 30 und Guiraud, L'anc. fr., S. 96–100.

[7]) Vgl. Brunot: Histoire I, S. 455f.; II, S. 412; III, S. 477f.

[8]) Vgl. Bruneau/Brunot: Précis, S. 276f. und Guiraud, P.: Le français populaire, (Que sais-je? N⁰ 1172), S. 41. Weitere Möglichkeiten siehe Grevisse, M.: Le Bon Usage, Gembloux ⁸1964, § 497.

[9]) Im Prinzip ist li oel (Pl. R.), les ialz (Pl. Ob.) ähnlich: die Plural-Obliquus-Endung –s ist in z (= ts) enthalten. Doch ändert sich hier auch der Wortstamm.

[10]) Im Neufranzösischen gibt es nur noch drei Ausnahmen: meilleur „besser", pire „schlimmer", moindre „geringer". Siehe Grevisse: Le Bon Usage, § 364.

[11]) Dieser Terminus stammt von Bally, Ch.: Linguistique générale et linguistique française, Bern ³1950, S. 301. Vgl. auch Ullmann, St.: Précis de sémantique française, Bern ³1965, S. 84–94.

[12]) Siehe hierzu Curtius, E. R.: Über die altfranzösische Epik, in: ZrPh 64 (1944), S. 233–320.

[13]) Daher v. 15: *pur hoc* vos di, d'un son filz voil parler. Vgl. die sehr lesenswerte Studie von Bulatkin, E. W.: The Arithmetical Structure of the Old French Vie de St. Alexis, in: P.M.L.A. 74 (1959), S. 495–502.

[14]) Flexion ist der Oberbegriff für Deklination (der Substantive, Adjektive, Artikel, Pronomina) und Konjugation (der Verben).

[15]) Möglicherweise begann der Schwund der Zweikasusflexion sogar schon zur Zeit der uns unbekannten Autoren des Alexius- und Rolandsliedes, d. h. in der zweiten Hälfte des 11. Jahrhunderts.

[16]) o ist hier Schreibung für gesprochenes [u], vgl. Pope: From Latin ..., S. 166.

[16a])Siehe hierzu Heisig, K.: Warum heißt es nfrz. bon und mal und nicht buen und mel?, in: RF 76 (1964), S. 312–333.

[17]) Vgl. Lausberg: Rom. Spr. III/2, § 743, Rohlfs, Vom Vulgärlatein ..., S. 185.

[18]) Diese Funktion des bestimmten Artikels in Al 1 wird noch deutlicher, wenn man ihren Zusammenhang mit der biblischen, antiken und mittelalterlichen Geschichtsperiodisierung begreift. Siehe Besson, W. (Hrsg.): Geschichte, Frankfurt a. M. 1961, S. 168ff. (Fischer-Lexikon Nr. 24).

[19]) Vgl. dt. im best. Artikel: der Mann – die Männer, im unbest. Artikel: ein Mann – Männer, wobei der Umlaut und die Endung –er in „Männer" lediglich den Plural, nicht die Unbestimmtheit anzeigen. Auch das Deutsche hat hier ein Morphem Null. Ein afrz. Beispiel: Angles del ciel descendent a lui R 2374 „Engel vom Himmel steigen zu ihm herab". – Selten findet sich der kollektive Plural uns/unes.

[20]) Guiraud, P.: L'ancien français, S. 106–109, 117–121.

[21]) Guiraud behauptet außerdem, daß auch das Fehlen des Rektus-s die virtuelle Satzbedeutung anzeigt (vgl. Anm. 20). Die Beweise, die er bisher hierfür anführte, reichen jedoch nicht aus.

[22]) Vgl. Martinet: Eléments, S. 101ff. (4–2).

[23]) Vgl. Guiraud: Le fr. pop., S. 69.

[24]) Vgl. Foulet, L.: Petite syntaxe de l'ancien français, Paris ³1928 (Neudruck 1968), S. 109, § 154, S. 123, § 170.

[25]) Als Formen finden sich nostre(s), vostre(s), lor bzw. lour; nur der Obliquus Plural lautet noz, voz, z. B. en voz mains R 72 „in Euren Händen".

[25a]) Eine diachronisch-strukturelle Darstellung der morphologischen Wandlungen s. Guiraud, L'anc. fr., S. 75–77.

[26]) Zu den möglichen Ursachen dieser Umstrukturierung vgl. Price, G.: La transformation du système français des démonstratifs, in: ZrPh 85 (1969), S. 489–505. – Ein ebenso starker Wandel geschah in der Entwicklung vom Lateinischen zum Altfranzösischen, vgl. Lausberg: Rom. Spr. III/2, §§ 738–742. – Dees, A.: Etude sur l'évolution des démonstratifs en ancien et moyen français, Groningen 1971. Siehe hierzu die Rezension von Wunderli, P. in: Vox romanica 32/1 (1973), S. 175–183.

[27]) Vgl. die Überlegungen Rheinfelders und seine folgenden Darstellungen (Afrz. Grammatik II, S. 191ff.). Für das Neufranzösische siehe Tesnière, L.: Eléments de syntaxe structurale, Paris 1959, und Dubois, J.: Grammaire structurale du français: le verbe, Paris 1967.

[28]) Da im Französischen der Konjunktiv nicht die gleichen Funktionen hat wie im Deutschen (z. B. indirekte Rede) und im Lateinischen, wird der französische Begriff Subjonctif hier vorgezogen.

[29]) Vgl. Pope: From Latin …, S. 362.

[30]) Zum accord des Partizip Perfekt siehe Foulet: Petite syntaxe, S. 100–105, und Brunot/Bruneau: Précis, S. 401–403.

[30a]) Daß ein großer Teil der romanischen Sprachen zum Ausdruck des Futurs gerade habere und nicht debere, *volere oder venire verwendet hat (vgl. Lausberg: Rom. Spr. III/2, § 839 ff.), könnte mit der Opposition habeo cantatu(m) – cantare habeo zusammenhängen. Es ist möglich, daß sich die beiden durch Periphrasen mit habere gebildeten Formen des „passé composé" und des Futurs gegenseitig stützten.

[31]) Zur Semantik des Konditionals vgl. Lausberg: Rom. Spr. III/2, bes. §§ 847–851. – Zahlreiche aufschlußreiche nfrz. Beispiele gibt Grevisse: Le Bon Usage, §§ 737 bis 740. Die französische Grammatik unterscheidet meist zwischen „futur du passé" und „conditionnel (proprement dit)". Zum Zusammenhang zwischen beiden Bedeutungen s. Brunot, F.: La pensée et la langue, Paris [3]1936, S. 515; Imbs, P.: L'emploi des temps verbaux en fr. mod., Paris 1960, S. 61–80; Weinrich, H.: Tempus, Stuttgart [2]1971, S. 195–201.

[32]) Luc. 19, 4 (Itala), zit. nach Rohlfs, G.: Vom Vulgärlatein zum Altfranzösischen, Tübingen [2]1963, S. 167.

[33]) Eulaliasequenz v. 16 f., zit. nach Koschwitz, E. (Hrsg.): Les plus anciens monuments de la langue française, Vol. II, München (Hueber) [6]1964, S. 4. Der zitierte Satz bildet eine erlebte Rede (frz. style indirect libre), die in der französischen Literatur erst seit Flaubert ein häufiges Stilmittel wurde.

[34]) Afrz. tum(b)er, selten vorkommend, wahrscheinlich lautsymbolisch gebildet mit der ursprünglichen Bedeutung „einen Purzelbaum machen", „umkippen". Vermutlich war dieses Verb also zunächst doppelt expressiv: lautlich und semantisch. Vgl. Gougenheim, G.: Les mots français dans l'histoire et dans la vie, Bd. II, Paris 1966, S. 167–170.

[35]) Der Wechsel dieser Tempora hätte demnach dieselbe Funktion wie die Stilfigur der Doppelung, zu letzterer siehe Curtius, E. R.: Über die altfranzösische Epik, in: ZrPh 64 (1944), S. 233 ff. – Vgl. Stefenelli–Fürst, F.: Die Tempora der Vergangenheit in der Chansons de geste, Wien–Stuttgart (Braumüller) 1966, bes. S. 118–126. Zum Zusammenhang Tempora–Aspekte, der hier nicht dargestellt werden kann, s. ebd. S. 33 ff., 84 ff., 110 ff., 131 ff. und Guiraud, P.: La syntaxe du français (Que sais-je? N° 984), S. 38–43, 102–109.

[36]) Vgl. die Rezension von H. Kuhn zu W. v. Wartburg: Evolution et structure de la langue française, in: ZfSL 58 (1934), S. 489 ff. – Zwischen dem 12. und dem 14. Jahrhundert verlagerten sich wahrscheinlich die Tempora in ihren Funktionen, vgl. Foulet: Petite syntaxe, bes. S. 229. Ein Perfekt in einem afrz. Text des 12. Jahrhunderts, z. B. vit, kann manchmal statt mit „er (bzw. sie) erblickte" auch mit „er (bzw. sie) hat erblickt" übersetzt werden. Erst kombinierte strukturell-statistische Untersuchungen könnten Foulets Hypothese verifizieren.

[36a]) S. bes. Brunot/Bruneau: Précis, S. 379–381, Pollak, W.: Studien zum ‚Verbalaspekt' im Französischen, Wien 1960, S. 102–129, Weinrich, H.: Tempus, [2]1971, S. 252–281.

[37]) Siehe Foulet: Pet. synt., S. 36–44, 306–329; die Typologie der sechs möglichen Kombinationen von sujet, complément und verbe müßte jedoch revidiert werden;

vgl. nfrz. il mange le soir und il mange le gâteau. Diese fundamental verschiedenen Sätze würden nach traditioneller Auffassung dem gleichen Kombinationstypus angehören. – Da die Subjektpronomen im Altfranzösischen nicht die gleiche Funktion haben wie im Neufranzösischen, wäre auch der Begriff der „Inversion des Subjekts" stärker von den unterschiedlichen Sprachstrukturen aus zu betrachten. – Zur nfrz. Inversion nach peut-être etc. s. Deutschmann, Lat. u. Rom., S. 52–58.

[38]) Solche Regeln zu finden, gehört zu den Aufgaben, die sich die generative Transformationsgrammatik gestellt hat. Sie geht dabei freilich u. a. von der Intuition des lebenden „native speaker" aus, was im Falle des Altfranzösischen nicht möglich ist. Vgl. Martinet, A. (Hrsg.): La Linguistique, Paris (De Noël) 1969, S. 134 bis 146, und Ruwet, N.: Introduction à la grammaire générative, Paris (Plon) 1967. Nimmt man an, daß eine Transformation die Bedeutung nicht ändert, so ist nach Ruwet eine Tiefenstruktur Kernsatzelemente plus Element „Negation" (bzw. „Frage" bzw. „Aufforderung") zu postulieren, die nach spezifischen Regeln der jeweiligen Sprache verwandelt wird in die Oberflächenstruktur(en) Negativsatz (bzw. Fragesatz bzw. Imperativsatz).

[39]) Die Bezeichnung langue d'oc ist nach Brunot: Histoire I, S. 304, erstmals 1291 belegt.

[40]) Zur historischen Entwicklung siehe Brunot/Bruneau: Précis, bes. S. 552–555. Weitere Literatur siehe Brunot: Histoire I, S. 254, und Rohlfs: Einf. S. 161.

[41]) La Chanson de Roland, publiée d'après le manuscrit d'Oxford et traduite par Joseph Bédier, Paris 1937 (= Edition définitive).

[42]) Nach der Ausgabe von E. Stengel, Leipzig 1900, S. 194 v. 1804f., C 197, 8f.

[43]) Weinrich, H.: Tempus, [2]1971, S. 195–221.

Anhang

A. Semantik häufiger Morpheme und Verben

1. Einige homographe oder homophone Morpheme

Viele Übersetzungsfehler beruhen erfahrungsgemäß auf Verwechslungen homographer (gleichgeschriebener) oder homophoner (gleichlautender) Morpheme. Daher ist es wichtig, sich die folgenden Bedeutungsunterschiede einzuprägen:

1. mais, mes „aber"
   „mehr" MĂGIS > mais > mẹs
   unkes (mais) ... ne (R), onques (mes) ... ne (L) „noch nie, nie"
   mes „mein" MĔUS > meos > mos, mẹs

2. Al und R: nus [nụs] „uns" (Ob.), selten auch (nur betont) „wir" = nos, nous
   nuls ... ne „keiner" [nyłs, nyus]
   Vgl. Al 517: nus n'..., Al 520: nuls ne
      R 3344: nul de nus ne ... „keiner von uns"
   Chrétien: nus [nys] < nuls „(irgend)einer, jemand";
   ne nus hom oder nus ne „keiner, niemand" – dagegen „wir, uns": nos
   Synchronisch gesehen besteht hier keine Homographie. Diachronisch: nōs oder nōbis > nous, nos > erst im Nordwesten, später auch im Zentrum nus > [nu], nūllus > [nyłs] > [nys]

3. ad, a „hat" (von avoir), in Al auch at
   ad, a präpositionales Morphem = à (manchmal auch besitzanzeigend, Muster: X a Y „X des Y, X eines Y", vgl. 7.6)

4. an bei Chrét. „jemand, man", nfrz. „on" (weitere Formen: hom, uom, om, l'on, l'an etc.) < HŎMO, unbetont
   an bei Chrét. „en" < ĬNDE

5. nes Amalgam von ne se oder ne les
   nes, nis „selbst, sogar" < NE ĬPSU, negiert: „auch nur, auch nicht, selbst nicht"

6. que a) < QUEM interr. „wen?", rel. „den, welchen, die" (Ob.)
   < QUOD „das, was", „soweit" (nfrz. autant que)
   que b) < QUAM „als" (nach Komparativ)
   que c) < QUĬA statt QUOD, UT
   und < QUĬD
   Konjunktion
   „daß, so daß" (Objektsatz und Konsekutivsatz einleitend, kann auch
   fehlen), mit Subjonctif: „soweit, soviel" (einschränkend)
   „weil, denn" (kausal, nfrz. parce que)
   „damit" (final, stets mit Subjonctif, nfrz. pour que, afin que)
   que que „während" (z. B. L 61), nfrz. pendant que
   qui que (mit Subjonctif) „wer auch immer, was auch immer"
   ne ... que „nur"
Hier sind nur die häufigsten Funktionen von *que* angegeben. – Variante von
que: c', k'

7. ne „nicht" < NŌN > nen (vgl. 9.1)
   ne statt *que ne* im verneinten Objektsatz
   ne „der nicht", vgl. QUIN (im Relativsatz)
   ne „und (nicht)", „auch nicht", „noch", „oder" < NEQUE > NEC
   (vgl. 9.1)
      ne ... (ne) ne „weder ... noch" < NEQUE ... NEQUE (vgl. 9.1)
      einz ... ne „niemals vorher", ja (mais) ... ne „niemals künftig",
      vgl. L. 6738

8. se „wenn" < SĬ, unbetont (vgl. 9.4)
      ne ... se ... non „nicht ..., wenn nicht" = „nicht(s) außer", „nur"
   se „ob" < SĬ (im indirekten Fragesatz)
   se „sich" < SĒ, unbetont (reflexiv)

9. si „so, und so", „und" (Hauptsatzeinleitung), „doch" < SĪC
   si „so" (vergleichend, vor Adj., Adv. oder Partizip) < SĪC
   si „seine" (Possessivpronomen, Pl. Rektus), vgl. 7.7.2 < SŪI
   (si in der Bedeutung „wenn" sehr selten, z. B. Al 490, R 475)

Daß diese Morpheme homograph bzw. homophon wurden, liegt zumeist an
der starken lautlichen Reduktion vom Lateinischen zum Französischen.

Übung

Verdecken Sie jeweils die deutsche Übersetzung und übersetzen Sie:

Mes je ne conterai hui mes L 119

„Aber ich werde heute nicht mehr erzählen"

ce c'onques mes conter ne vos L 580

„das, was ich nie (mehr) erzählen wollte"

Mes qui qu'an soit liez et joianz / mes sire Yvains an fu dolanz L 677f.

„Aber wer auch immer darüber froh und vergnügt war, Herr Yvain war darüber traurig (wörtlich: mein Herr Yvain)

En icest siecle nus acat pais e goie Al 623

„In dieser Welt möge er uns Friede und Freude erwerben"

Se nus de ces deus la requiert L 689

„Wenn einer von diesen beiden sie verlangt"

que ja par moi nus nel savra L 745

„denn durch mich wird es niemand erfahren" (nel = ne le)

einz pesoit plus ... / que nule lance a chevalier L 535 (lance R)

„eher wog sie mehr ... als je eine Lanze eines Ritters" (wörtlich: als irgendeine Lanze ...)

Avant la tent ad un boen clerc e savie Al 375

„Er reicht (hält) sie nach vorn, zu einem guten, gelehrten Geistlichen" (clerc, später: Gebildeter, erhielt Schulbildung und niedere Weihe)

Nes poet guarder que mals ne l'i ateignet R 9

„Er kann sich nicht [davor] schützen, daß ihn dabei ein Unheil trifft"

Nes li rois grant joie an mena; mes mes sire Gauvains en a →
cent tanz plus grant joie que nus L 2285ff. (87ff.)

„Selbst der König bekundete (darüber) große Freude, aber Herr (messire) Gauvain freut sich darüber noch hundertmal mehr als irgendein anderer" (tanz = nfrz. temps)

ne sai ge que il se devint L 553

„ich weiß nicht, was er (= aus ihm) wurde"

e disoient c'onques mes hom / n'an eschapa, que il seüssent L 572f.

„und sagten, daß noch nie ein Mann von dort entkam, soweit sie wüßten"

ne que moins d'enor me feïssent / qu'il avoient fet l'altre nuit L 568f.

„noch daß sie mir weniger Ehre erwiesen als (moins ... que) (sie es) in der Nacht zuvor (getan hatten)"

Que que il parloient ensi L 649

„Während sie (so) sprachen"

En la citet nen ad remés paien / ne seit ocis u devient →
crestiën R 101 f.

„In der Stadt ist kein Heide zurückgeblieben, der nicht erschlagen oder Christ
geworden ist" (frz.: Subjonctif)

Se trois Rollant, n'en porterat la teste, në Oliver →
ki les altres cadelet R 935 f.

„Wenn ich Roland finde, wird er seinen Kopf nicht behalten (= verlieren),
und auch nicht Oliver, der die anderen anführt"

(Hauptsatz:) si m'esgarda, ne mot ne dist L 323 (21)

„und er sah mich an (oder: so sah er mich an), und er sprach nicht ein Wort
(gar kein Wort)"

Si veirs miracles lur ad Deus [de]mustrét Al 559

„So wahrhaftige Wunder hat ihnen Gott gezeigt"

2. Semantik einiger häufiger Verben

converser	„sich aufhalten, leben" (dagegen „sich unterhalten": paroler, parler), klt. CONVERSĀRI „sich aufhalten, verkehren"
vanter	„stürmen" (von vent, vant)
estoner	„(wie vom Donner) betäuben" < *EXTŎNĀRE statt ATTŎNĀRE, hängt etymologisch zusammen mit tonnere, noch im 17. Jahrhundert étonner „betäuben"
desfiër	„herausfordern" (bes. zum Kampf) < DE EX oder DĬS – *FIDĀRE
tancier	„zanken, streiten" u. a. (mit Worten) < *TENTIĀRE
paroler	oder parler „sprechen, erzählen" < PARABOLĀRE
oïr	„hören, vernehmen" < AUDĬRE
entendre	oder antandre „aufmerksam zuhören", „verstehen" (geistig, nfrz. comprendre), „beabsichtigen, erstreben" < ĬNTĔNDĔRE, manchmal jedoch bereits fast bedeutungsgleich mit oïr: „vernehmen"
chaloir	à qn. (de qch.) „(etwas) jdn. kümmern" < CALĒRE il m'en chalt, il m'en chaut „es kümmert mich, es liegt mir daran"
grever	à qn. „jdn. *bedrücken,* jdm. unangenehm sein, jdm. mißfallen, jdn. verdrießen" < *GRĔVĀRE statt GRĂVĀRE (GRAVIS „schwer, gewichtig")

peser	à qn. (de qch.) „*lästig sein,* verdrießen, kränken" < PENSĀRE „abwiegen, erwägen", vgl. 2.2
	3. Pr. Ind. peise > poise, 3. Pr. Subj. poist
partir	„teilen, (sich) trennen" < *PARTĪRE < klt. PARTĪRĪ
(e)issir	„hinausgehen, –reiten, –fliegen etc." < EXĪRE
	3. Pr. Ind. eist, ist, Pl. issent
siure	„suivre" < SĔQUĔRE
	3. Pr. Ind. si(u)t, siust, 3. Futur siurat
ester	„stehen, bleiben" < STĀRE
estoveir	„nötig sein" < EST-ŎPUS plus -ĒRE
	3. Pr. Ind. estoet, estuet, 3. Perf. estut
cuidier	„denken, meinen, beabsichtigen" < CŌGĬTĀRE (mit langem, aber offenem o)
	1. Pr. Ind. quid, quit, cuit < CŌGĬTO, 3. Pr. Ind. quide(t), cuide
errer	„reisen, fahren, gehen" < ĪTĔRĀRE (Homonym: errer „irren")
querre	„suchen, wollen, trachten nach" < QUAERĔRE
	1. Pr. Ind. quier, 3. Pr. Ind. quiert (s. 8.5)
trover	„finden" < *TROPARE, 1. Pr. Ind. trois, truis, 3. Pr. Ind. trueve
morir qn.	„jdn. töten, erschlagen"

Übung

Verdecken Sie die deutsche Übersetzung:

Mult lungament ai a lui conversét Al 341

„Sehr lange habe ich bei ihm gelebt"

Et tant conversa el boschage / com hom ... salvage L 2827f. (29f.)

„Und er lebte so lange im Walde wie ein Wilder"

Et maintenant vanta et plut L 805

„und sogleich stürmte und regnete es"

del cop fu estonez et vains / li chevaliers, molt s'esmaia L 864f.

„durch den Schlag war der Ritter betäubt und verwirrt, er erschrak sehr"

del roi qui fu de tel tesmoing / qu'an en parole et pres et loing L 35f.

„... Ruhm, daß man davon ... spricht (erzählt)"

de ses ranposnes ... ne me chaut L 630f.

„seine Schmähungen kümmern mich nicht"

ne vos chaille de l'ataïne L 132

„kümmert Euch nicht um die Herausforderung (den Streit)", eigentlich Subjonctif

Por ce seulement li grevoit L 682
„nur darum bedrückte es ihn"

je vos pri qu'il ne vos an poist L 587
„ich bitte Euch, daß es Euch nicht verdrieße" (ich bitte Euch: seid nicht gekränkt)

nes li oisel s'an istront fors L 400 (nes vgl. A 1)
„selbst die Vögel werden hinausfliegen"

Son seignor siust toz les galos L 754
„Er folgt seinem Herrn im Galopp"

Certes, venir vos an estuet L 2508 (10)
„Gewiß, Ihr müßt davongehen"

„La mort Rollant lur quid cherement rendre" R 3012
„Den Tod Rolands (ge)denke ich ihnen teuer heimzuzahlen"

et je cuidai qu'il ne seüst →
parler, ne reison point n'eüst L 323 f.
„und ich dachte, daß er nicht sprechen könnte und gar nicht im Besitz der Vernunft wäre" (seüst zu savoir)
et bien sai que vos l'avez mort L 983
„und ich weiß wohl, daß Ihr ihn erschlagen habt"

3. Semantik einiger häufiger Adverbien

Viele *Verbdeterminanten* sind durch die Morpheme –s (analog zu fors „hinaus, draußen, außer" < FŎRIS, etc.) oder –ment (klt. Femininum mens „Sinn", Ablativ mente), seltener –e (vgl. spätlt. forte „stark, sehr") gekennzeichnet:

sempres „sogleich, sofort, sehr bald" < SĔMPER plus –s (inhaltlicher Wandel „in einem fort, immer" > „sofort")

onques „jemals" < ŪNQUAM plus –s
onques ne „niemals"

lués „auf der Stelle, sogleich" < LŎCO plus –s
lues que „sobald" (fungiert als Konjunktion)

malement „in bösem Sinne, böse, schlecht" < MĂLA MĔNTE
oder mal < Adverb malĕ „schlecht"

forment „stark, heftig, sehr" < FŎRTE MĔNTE „in (mit) starkem Sinne",
zur Lautung vgl. 4.5)

Andere Verbdeterminanten sind durch Verschmelzung z. B. mit HŌRA (Ablativ) entstanden:

mar „zur unheilvollen Stunde, zu(m) Unglück" < MĂLA HŌRA

buer, bor „zur guten Stunde, zu(m) Glück, mit guten Vorzeichen" < BŎNA
HŌRA (beide Adverbien entstammen astrologischen Vorstellungen)

or(e) „jetzt" < HA(C) HŌRA, daneben ores mit Morphem –s

lors „da(mals), dann" < ĬLLA HŌRA plus –s („nicht – jetzt", Unterscheidung zwischen Vor- und Nachzeitigkeit nur durch den Kontext, ebenso bei dunc „damals, dann"). Daneben lor(e), lores.

Adjektiv- und Adverbdeterminanten

molt, mult „viel, sehr" < MŬLTUM (selten auch Verbdeterminante;
pou, poi, pǫ „wenig" < PAUCUM ist hingegen meist Adjektiv
oder Verbdeterminante)

tres „sehr", vor Adv. auch: „(hindurch) bis" < TRĀNS
„über … hinaus, jenseits" (als Präposition: „hinter, bis hinter",
tresque „(hindurch) bis")

Adverbien mit beiden Funktionen

as(s)ez „weitaus, viel zu" (bei Adj. und Adv.), „in Fülle, sehr viel, sehr
lange" (als Verbdeterminante) < AD SATĬS

trop 1. „viel, sehr", 2. „zu viel, zu sehr" < fränkisch *θrop „Herde,
Haufen", vgl. nfrz. troupeau, troupe

ne … guaires, ne … gue(i)re(s) „nicht viel, nicht sehr, nicht lange, nicht mehr
lange" < fränkisch *waigaro (plus s) „viel"

Übung

Übersetzen Sie (→ = siehe folgende Zeile):

L'ost des Franceis verrez sempres desfere (sich auflösen) R 49

„Ihr werdet das Heer der Franken sehr bald sich auflösen sehen" (nicht:
„geschlagen", vgl. Kontext in Laissen 3 und 4)

Pert la culor, chet as piez Carlemagne. →
Sempres est morte … R 3720f.

„Sie erbleicht, fällt zu den Füßen Karls nieder und ist sogleich tot (gestorben)"

136

Felun paien mar i vindrent as porz („Engpässen") R 1057

„Die schurkischen Heiden sind zu ihrem Unglück zu den Engpässen gekommen"

qui lors estoit molt dolz („edel") et buens L 17

„der damals sehr edel und gut war"

Lors finera mes travauz toz L 4592 (86)

„Dann wird alle meine Qual enden"

Asez est melz qu'il i perdent le[s] chefs que ... R 44

„Es ist weitaus besser, daß sie dabei ihr Haupt verlieren, als daß ..."

De sun aveir vos voelt asez duner R 127

„Von seiner Habe will er Euch sehr viel geben"

En cest païs avez estét asez R 134

„In diesem Lande seid Ihr sehr lange (überaus lange) geblieben"

B. Nachschlagetafel I:

Partizip Perfekt und Perfekt häufiger Verben
(Hilfe zum Auffinden im Wörterbuch)

Angegeben sind normalerweise:
Partizip Perfekt *mask.* Sg. Obliquus, Perfekt Sg. 1. Person, Infinitiv

kursiv: Form des Infinitivs in W. Foerster / H. Breuer: Wörterbuch zu Kristian von Troyes' sämtlichen Werken, Tübingen [3]1964

[ ] = Perfekt Sg. 2. und/oder 3. Person

s.   = siehe

(!) = nicht zu verwechseln mit

Formen des Perfektpartizips in der 1. Konjugation s. 8.2, in anderen Konjugationen s. 8.3 bis 8.7. Die Formen sind in der Regel ohne die in frühen Texten anzutreffende Endung –t (fem. –the, –de) nach Vokal angegeben, s. hierzu 2.5.2 und 2.5.3.

Part. Perf.	Perf. 1. Sg.	Infinitiv
absolu s. asolt		
alez > alé (Rektus)	alai	*aler*
amé	amai	*amer*
anquis, enquis	anquis, enquis	enquerre, *anquerre*

137

Part. Perf.	Perf. 1. Sg.	Infinitiv
ars	ars [2. arsis]	ardeir, *ardoir*, ardre
asolt, asou, asolu	asols	asoldre > asoudre
assis	assis	*asseoir*
ataint	atains	*ataindre*, a(t)teindre
beü, boü	bui	beivre > *boivre*, boire
beneeit, beneoit, beneï	benesqui	beneistre > benoistre, *beneïr*
boli, boilli	boli, boilli	bolir, *boillir*
boü s. beü		
ca- s. cha-		
çeint, çaint	çeins	ceindre, *çaindre*
chalu	[3. chalut]	chaleir > *chaloir*
chaü, cheü	chaï, cheï, cheu	chaeir, cheëir > *cheoir*
clos	clos	*clore*
coilli, coillu	coilli, cueilli	*coillir*, cuillir, cueillir
conclus	conclus	conclure
coneü, conoü	conui, quenui	*conoistre*, cunuistre, quenoistre
coru, coreü	corui, cori	*corre*, curre
covert	covri	*covrir*, cuvrir
cremu	crem(u)i, crens	criembre, criendre, *craindre*
creü	creï, crui	creire > *croire*
creü	cruï [3. crut]	creistre > *croistre*
crient	cr(i)ens, crem(u)i	criembre, *craindre*, cremeir
cueilli s. coilli		
cuit	cuis	*cuire*, quire
		(! cuidier „denken, glauben")
cu- s. co-		
deü, doü	dui	deveir > *devoir*
dit	dis [2. desis]	*dire*
dolu, dulu (?)	dolui	doleir > *doloir*, duleir > duloir
doné, duné	donai	doner, *duner*
doü s. deü		
duit	[3. duist]	duire < DOCĔRE
duit	duis [2. duis(s)is]	*duire* < DUCĔRE
eissi, eissu	eissi, issi	eissir, *issir*
enquis s. anquis		
erré	errai	*errer*, esrer „reisen, fahren, gehen"
		(! errer „irren", ist selten)

Part. Perf.	Perf. 1. Sg.	Infinitiv
esleü, eslit	[3. eslut]	*eslire*
esté(d)	estai, estui [3. estut]	*ester* < STARE
esté(d)	fui	estre < ESSERE (estre über-nimmt das Partizip von ester < STARE)
(esteü)	[3. estut, estuit]	estoveir > *estovoir* < EST OPUS + –ĒRE
estoné	estonai	*estoner* „betäuben"
eü (oüt > oü)	oi [2. oüs, eüs] [3. out, ot, eut]	aveir > *avoir*
failli	fali, failli(s)	falir, *faillir*, faleir, faloir
faint s. feint		
fait, fęt	fis [2. fe(s)is]	faire, *feire*
feint, faint	feins, fains	feindre, *faindre*
feni	feni	fenir
feru	feri	*ferir*
fet s. fait		
[fist 3. Perf. v. faire]		
foï	foï, fui	*foïr*, fuïr „fliehen" (! fui „ich war" v. estre)
foï	foï	*foïr*, fuïr „untergraben"
frait, fręt	frains	*fraindre*
fruisét	fruissai (?)	*froissier*, fruisier
fui s. foï		
(fui 1. Perf. v. estre)		
(fuït 3. Perf. v. fuïr)		
geté, git(i)é	getai	geter, *giter*
geü, jeü	jui	*gesir*
gité s. geté		
haï	haï	*haïr*
issi, issu s. eissi		
jeü s. geü		
joé	joai	*joer*, juer
joï	joï	*joïr*
joint	joins	*joindre*
laisé, laié, lessé	[3. lais(s)a, laia]	laissier, *leissier*
leü	[3. lut]	*leisir* > loisir
leü s. lit		

Part. Perf.	Perf. 1. Sg.	Infinitiv
lit, leü	lui, lis	*lire*
loé	loai	*loer*, luer
		(! luër, loer, louer <
		LOCARE „mieten"
luit	luis, luisi	luire, *luisir*
mes	mes	maneir > manoir, *menoir*
meü, moü	mui	muveir, moveir > *movoir*
mis	mis [2. me(s)is]	metre
molu, mols	molui, mols	moldre > *moudre*
auch: „geschliffen,		„mahlen, zermahlen"
scharf"		
moü s. meü		
mors	mors [2. morsis]	*mordre*
mort	moru, mori [3. morut]	*morir*, murir
mos	mols	moldre
ne(t), ne(d), nascu,	nasqui	*nestre*, naistre
naissu		
neü, noü, nuit	nui [3. nut]	*nuire*, nuisir
ocis	ocis	ocire, *ocirre*
oï(d), oï(t)	oï	*oïr*
oü(t) s. eü		
paru	parui	pareir > *paroir*
peü, poü	poi [2. poüs, peüs]	paistre > *pestre*
peü, poü	poi [2. poüs, peüs,	poer, poeir > *pooir*
	poïs]	
pleü, ploü	ploi [3. plot, pleut]	plaisir, *pleisir*, plaire
pleü, ploü	[3. plut]	ploveir > *plovoir*
		(! plorer, plurer
		„weinen, jammern")
pos(t), pus, pons	po(n)s, pus	pondre
poü s. peü		
pris	pris [2. pre(s)is]	prendre > *prandre*
quis	quis [2. que(s)is]	*querre*
ra(i)eut, ra(e)int	ra(i)ens	reembre, *reanbre*, ra(i)embre,
		raeindre
ramenteü	ramentui	ramenteveir > *ramentevoir*
receü	reçui	receivre > *recoivre*, receveir

Part. Perf.	Perf. 1. Sg.	Infinitiv
remés	remes	remeneir > *remenoir*, remanoir, remaindre
repǫs(t), repus	repo(n)s, repus	*repondre*, repundre, „verbergen ...“
resjoï	resjoï	*r'esjoïr*
respons, respondu	respondi	*respondre*, respundre
ris	ris [2. re(s)is]	*rire*
rompu, ronpu	rompi	rompre, *ronpre*, rumpre
rot s. rompu		
sailli	sali, sailli	salir, *saillir*
seü	soi	saveir > *savoir*
seü, sivi	sevi, sivi	siure, siudre etc. „suivre“
sis	sis [2. se(s)is]	seeir, *seoir*
soffert	sofri	soffrir, suffrir, *sofrir*
solt, sout, solu	sols [2. solsis]	soldre > *soudre*
solu	solui	soleir > *soloir*, suleir > suloir
soü s. seü		
teissu	teissi, tissu	*tistre* „weben“
tenu	tin(g)	*tenir*
teü	toi	*teisir*
tissu s. teissu		
tolu, toleit	toli, tols	toldre > *toudre, tolir*
tort, tors	tors, tuers	tortre, tuertre, *tordre*
toü s. teü		
tramis	tramis [3. tramist]	*trametre*
truvé, trové	trovai	truver, *trover*
turné, torné	tornai	turner, *torner*
valu	valui, valus, vals	valeir
vedu(t) s. veü		
veincu, vencu	venqui	veintre, *vaintre*, veincre
venu	vin(g)	*venir*
vescu	vesqui	*vivre*
veü	vi	veeir > *veoir*
[volt, vost 3. Perf. v. voleir]		
volu	vol, voil, vols, vous, vos	voleir > *voloir*

C. Nachschlagetafel II:

Phonetische und graphische Unterschiede
(Hilfe bei der Benutzung von Wörterbüchern)

Zwischen dem Alexiuslied, dem Rolandslied und den Romanen von Chrétien de Troyes, den Lais der Marie de France und den verschiedenen Tristan-Fragmenten bestehen chronologische und dialektale Unterschiede.

CHRONOLOGISCH: *Alexiuslied:* Abfassung des Originals ca. 1050. Älteste erhaltene Handschrift L etwa 1150, in England geschrieben. – *Rolandslied:* Abfassung des Originals wahrscheinlich zwischen 1080 und 1096, 1096–1099: Erster Kreuzzug. Diese Datierung ist jedoch nicht unumstritten. Handschrift O (Oxforder Handschrift) 2. Viertel des 12. Jahrhunderts. – *Romane von Chrétien de Troyes:* in der 2. Hälfte des 12. Jahrhunderts verfaßt. Ebenfalls keine Originalmanuskripte erhalten, Abschriften aus dem 13. und 14. Jahrhundert. – *Lais der Marie de France:* 2. Hälfte des 12. Jahrhunderts, mehrere Abschriften aus Mitte bis Ende des 13. Jahrhunderts. – Wichtige *Tristan-Fragmente:* Tristan des Béroul zwischen 1165 und 1195, eine Handschrift aus der 2. Hälfte des 13. Jahrhunderts; Tristan des Thomas: zwischen 1150 und 1190 (um 1170?), fünf Handschriften aus dem 13. Jahrhundert.

DIALEKTAL: Alexiuslied anglonormannisch, mit Einfluß der lateinischen Schriftsprache. Rolandslied O: anglonormannisch, jedoch nicht einheitlicher Sprachstand (ältere Laissen z. B. mit Assonanzen nur auf –an bzw. nur auf –en, jüngere Laissen mit Assonanz auf –an und –en in der gleichen Laisse, was jüngere Tendenz zum lautlichen Zusammenfall von an und en bezeugt). – Chrétien de Troyes: dialektale Grundlage ist das Champagnische, doch nimmt Chrétien noch mehr als das Rolandslied Rücksicht auf andere Regionen (Pluriregionalismus, Tendenz zur literarischen Gemeinsprache). – Lais der Marie de France: Handschrift H anglonormannisch (Mitte 13. Jh.), Handschrift S französisch (Ende 13. Jh.). – Tristan des Béroul: normannisch, Tristan des Thomas: anglonormannisch, aber viele kontinentalfranzösische Züge (s. oben: Pluriregionalismus).

Einige wichtige Unterschiede, mit Beispielen:

	z. B. Alexiuslied oder Rolandslied		z. B. Chrétien de Troyes, L (= Yvain)
ai:	laissier	*ei:*	leissier L 542
			Part. lessie(e) L 19
	raison, maison		reison, meison
ai:	mais, vait	*e:*	mes L 119, vet L 596

al plus Kons.:	alquant, altre	*au:*	auquant, autre
am:	cambre, chambre	*an:*	chanbre
e:	ben	*ie:*	bien – s. auch –*a*
ei:	aveir	*oi:*	avoir

Verbformen mit –ei s. auch –ai– und –a–

–els:	sor els	*–aus, –ax:*	sor ax L 64
	par els		par aus L 995
	tels	*–eus, –ex:*	tex L 329
–els, –iels:	bels, biels	*–iaus, –iax:*	biax
	ois(i)els		oisiax L 463 (Pl. Ob.)
	(autels)	*–ieus, –iex:*	autiex „ebensolche"
			L 298
	melz, mielz	*–ial_z_:*	mialz L 31, s. *miau_z_*

(Zugrunde liegt die Vokalisierung des [ł] zu [u]. Nur im letzten Beispiel noch Schreibung l für [u].)

–emb:	sembler, trembler	*–anb:*	sanbler, tranbler
en:	sentir	*an:*	santir, sanbler
	sentier		santier L 183
	mensonge, li vents		mançonge L 27, li vanz L 158
–um, –om:	cum, cume, com	*–on:*	con L 814
	altresi cume R 2559		autresi con „ebenso wie"
	num, nom		non L 1019
–un:	dunt	*–on:*	don L 871
ço, lo		*ce, le*	
u:	ure, jurn	*o:*	ore L 160, jor
	onur, onor		annor L 60, s. *enor*
u, ou:	dutasse, doutasse	*o:*	dotasse L 145, s. *doter*

ü: Punkte auf u sollen nur bezeichnen, daß es sich um besondere Silbe handelt (Hiatus, nicht Diphthong)

cá–:	cape	*cha–:*	chape
cà–:	canuthe	*che–:*	chenu(e)
che–:	chef	*chie–:*	chief
ge–:	gemme	*ja:*	jame
gua–:	guaster	*ga:*	gaster
m:	num, nom	*n:*	non L 5336 (5330)
mn, mm:	femne, femme	*m:*	fame oder *nn:* fanne
qu–:	quar, quer	*c:*	car
vi, j:	savie, jo, je	*g:*	sage, ge, s. *je*

Selten auch umgekehrt!

Verbformen z. B.

siet	s. seoir	aimme	s. amer
quis	s. querre	durrai, dorrai	s. doner
fet	s. feire		

Weiteres s. am Beginn des Wörterbuchs zu Kristian von Troyes sämtlichen Werken (Foerster–Breuer) unter „Hinweise für die Benutzung" sowie in den Einleitungen der Ausgaben des Alexiuslieds von C. Storey und G. Rohlfs, des Yvain von M. Roques (siehe XXIV–XXVIII) oder Ausgaben der Lais und der Tristan-Fragmente in den Reihen „Sammlung romanischer Übungstexte", „Textes littéraires français" (TLF) und „Les Classiques français du moyen âge" (CFMA).

Übung (bei einem Elementarkurs mit Chrétien-Lektüre und zusätzlicher Lektüre einiger Auszüge aus älteren Texten):

Suchen Sie im Chrétien-Wörterbuch (Foerster–Breuer) folgende Wörter (bzw. Infinitive zu Verbformen) aus dem Rolandslied (Laissen 1–10):

castel, remaigne, recleimet, ateignet, suz, savie, chens, carre, luër, osteiét, ostages (Bedeutung in R aber „Geiseln"!), nun, melz, pesmes, ben, senefiet, veir, balz, juënt, esbaneier, saive (:sage), gent, cuntenant, aürer, enquis, trussez, siurat, avoëz, guarir.

D. Bibliographie

zum Studium des Altfranzösischen im Hinblick auf das Neufranzösische, besonders vor der Zwischenprüfung.

Besonders empfohlene Titel:
* = als einführende Lektüre (ᵘ = zusätzlich zum behandelten Text im Universitätsunterricht, ᵖ = als Privatlektüre),
** = als Nachschlagewerke.

Altfranzösisch

ANGLADE, J.: *Grammaire élémentaire de l'ancien français,* Paris (Colin, Collection U) 1965 (u. ff.). Die Lautlehre Anglades kann nicht empfohlen werden; sie ist nur eine Faktensammlung, gibt selten Erklärungen. Der morphologische Teil zeichnet sich durch seine Übersichtlichkeit aus.

BATANY, J.: *Ancien français, méthodes nouvelles,* in: Langue française nᵒ 10, mai 1971, S. 31–56. Überblick über die Forschungstendenzen, sehr informativ, freilich beim Stand 1970/71 endend.

Ders.: *Français médiéval,* Paris (Bordas) 1972. Afrz. und mfrz. Textstücke mit Fragen und Antworten zur Prüfungsvorbereitung für frz. Studenten. Teilweise zu oberflächlich.

*ᵘBork, H. D.: *Materialien, Aufgaben und Hilfsmittel für den Anfängerunterricht im Altfranzösischen,* Bonn (Romanisches Seminar der Universität) ³1969. Nur über das *Kölner* Rom. Sem. zu beziehen. Kann für alle Elementarkurse empfohlen werden, besonders wegen der gut ausgewählten Textproben.

*ᵖDeutschmann, O.: *Lateinisch und Romanisch, Versuch eines Überblicks,* München (Hueber) 1971. Anregende und leichtverständliche Darstellung der Ausgliederung der romanischen Sprachräume. Wesentlich zur Einordnung vieler altfranzösischer Phänomene in den großen Zusammenhang der lateinisch-romanischen Sprachgeschichte.

Foulet, L.: *Petite syntaxe de l'ancien français,* Paris (Champion) ³1928, Neudruck 1968. Siehe Ménard.

Galliot, M.: *Etudes d'ancien français,* Moyen Age et XVIᵉ siècle, Paris (Didier) 1967. Ähnlich wie Batany, jedoch weit ausführlicher. Übersetzt und kommentiert werden u. a. Stellen von Béroul, Chrétien de Troyes und Marie de France. Eine wertvolle Besonderheit: Gleiches Verfahren bei Texten des 16. Jahrhundert von Marot über du Bellay u. a. bis Montaigne. Zeigt an vielen Details auch die Nähe der Sprache des 16. Jahrhunderts zum Mittel- und Altfranzösischen.

Guiraud, P.: *L'ancien français,* Paris 1963, ³1968 (Que sais-je? Bd. 1056). Die Kapitel I, III und IV sind besonders lesenswert. Resolut strukturalistisch. Einige Angaben und Ansichten problematisch, da kaum begründet.

Kesselring, W.: *Die französische Sprache im Mittelalter – von den Anfängen bis 1300,* Tübingen (TBL) 1973. Gibt einen Überblick über die Vorgeschichte des Altfranzösischen und seine Entwicklung sowie über die Vielfalt der galloromanischen Dialekte. Mit slt. und afrz. Textproben.

La Chaussée, F. de: *Initiation à la phonétique historique de l'ancien français,* Paris (Klincksieck) 1974. Versuch einer didaktisierten Darstellung der experimentalphonetisch begründeten Arbeiten Strakas. Mit zahlreichen neuen Lautwandel-Erklärungen, die freilich fast immer nur an Strakas Konzeption orientiert sind; andere Konzeptionen werden nicht oder kaum diskutiert. Nur sehr fortgeschrittenen Studenten zu empfehlen.

Ménard, Ph.: *Syntaxe de l'ancien français,* Bordeaux (Sobodi) 1973, nouv. édition entièrement refondue. Knapper als Foulet, zum Lernen besser geeignet. Integriert z. T. die neuere Forschung. Das ausführlichere Werk Foulets bleibt jedoch weiterhin ebenfalls empfehlenswert.

Moignet, G.: *Grammaire de l'ancien français, Morphologie – Syntaxe,* Paris (Klincksieck) 1973. Allgemeinverständliche und solide, beispielreiche Darstellung. Besonders eingehend – etwas zu breit für ein Handbuch der Reihe "Initiation à la linguistique" – bei Fragen der Modusverwendung im Altfranzösischen.

Pope, M. K.: *From Latin to Modern French, with Especial Consideration of Anglo-Norman, Phonology and Morphology,* Manchester University Press ²1952 (u. ff.). Wichtig für Detailfragen der Chronologie und der Orthographie. Keine Phonologie, sondern Phonetik (engl. phonology „Lautlehre").

Raynaud de Lage, C.: *Introduction à l'ancien français,* Paris (Société d'édition de l'enseignement supérieur) ²1959 (u. ff.).

Ders.: *Manuel pratique d'ancien français,* Paris (Picard) 1964. Darstellung an Hand zweier Texte: Le Charroi de Nîmes und Le Conte du Graal v. 1–238.

**Rheinfelder, H.: *Altfranzösische Grammatik, 1. Teil: Lautlehre,* München (Hueber) ⁵1975: *2. Teil: Formenlehre,* ²1975. Grundlegendes Handbuch.

Rohlfs, G.: *Einführung in das Studium der Romanischen Philologie, 1. Teil: Allgemeine Romanistik, Französische und provenzalische Philologie,* Heidelberg (Winter) ²1966. Bibliographisches Nachschlagewerk mit sorgfältigem Register.

*ᴾRohlfs, G.: *Vom Vulgärlatein zum Altfranzösischen, Einführung in das Studium der altfranzösischen Sprache,* Tübingen (Niemeyer) ³1968. Vermittelt einen ersten Überblick über die Zusammenhänge zwischen der Sprachentwicklung zum Altfranzösischen und zu anderen romanischen Sprachen und der politischen und kulturellen Geschichte. Gibt anschließend eine eingehende sprachgeschichtliche Interpretation zu einem Text der Marie de France.

Rothe, W.: *Phonologie des Französischen.* Einführung in die Synchronie und Diachronie des französischen Phonemsystems, Berlin (E. Schmidt) 1972. Kritische und relativ leicht verständliche Zusammenfassung von Hypothesen und Forschungsergebnissen der diachronischen Phonologie in Teil III des Buches, daneben knappe eigene Beiträge. Der Verf. zeigt die Ergiebigkeit der diachronischen Phonologie und die Fragwürdigkeit von Wartburgs Germanenthese zur Diphthongierung. Er täuscht aber auch über das, was bei den strukturellen Erklärungsversuchen problematisch bleibt, nicht hinweg.

Stempel, W. D.: *Untersuchungen zur Satzverknüpfung im Altfranzösischen,* Braunschweig (Westermann) 1964. Im „Vorstadium" der Textlinguistik verfaßt. Sorgfältiges und gut dokumentiertes Werk. Zeigt u. a., welche Bedeutung die Trennung zwischen discours und récit (direkter, meist dialogischer Rede und erzählender Darstellung) und die Unterschiedlichkeit der Texttypen (Gattungen) für die afrz. Syntax und Makrosyntax besitzt.

*ᴾVoretzsch, K.: *Einführung in die altfranzösischen Dialekte, ,Mundartliche Texte',* Neubearbeitung von U. Petersen, Tübingen (Romanisches Seminar) 1969. Orientiert sehr knapp über die wichtigsten Besonderheiten der altfranzösischen Dialekte, jeweils mit einem Textbeispiel. Das preiswerte Heft ist über das angegebene Seminar erhältlich.

Wagner, R. L.: *L'ancien français, points de vue, programmes,* Paris (Larousse) 1974. Geeignet nur für Fortgeschrittene mit guten Terminologie- und Methodenkenntnissen im Bereich der strukturellen Linguistik. Ansätze zu einer strukturellen Onomasiologie bes. in Kap. V und VI. Streng „synchronisch", daher kaum Bezug auf die sprachliche und soziokulturelle Entwicklung zu und seit dem Altfranzösischen. Die isolierende Betrachtungsweise Wagners ist zwar für den Forscher interessant und voll guter Absichten, jedoch m. E. völlig ungeeignet zur Weckung bzw. Aufrechterhaltung des Interesses am Altfranzösischen an den Universitäten (Wagners Anliegen, s. Vorwort und Langue française n⁰ 14, mai 1972, S. 57–69). Wichtiger hierfür als eine Perfektionierung struktureller Darstellungsweisen wäre eine Neubestimmung der Lernziele, die freilich nur (in Frankreich wie in Deutschland) aus einem Konsens auf Seminar- und Landesebene hervorgehen kann.

Metrik

BRUNOT, F. / BRUNEAU, Ch.: *Précis de grammaire historique de la langue française*, Paris (Masson et Cie) ³1949, Neudruck 1961, S. 563–611, bes. S. 593 ff.

*PELWERT, W. Th.: *Französische Metrik*, München (Hueber) ³1970.

LOTE, G.: *Histoire du vers français, 1re partie: Le Moyen Age*, 3 Bde. Paris (Hatier) 1949–1955. Siehe hierzu G. Rohlfs: Einf. I S. 172.

VOSSLER, K.: *Die Dichtungsformen der Romanen*, hrsg. v. A. Bauer, Stuttgart (Koehler) 1951.

Literaturgeschichte

*PCURTIUS, E. R.: *Europäische Literatur und lateinisches Mittelalter*, Bern–München (Francke) ³1961, ⁴1963 (u. ff.). Grundlegendes Handbuch. Wichtige Aufsätze von E. R. Curtius zu afrz. Texten siehe ebd. S. 565f.

JAUSS, H. J. / KÖHLER, E. (Hrsg.): *Grundriß der romanischen Literaturen des Mittelalters*, Heidelberg (Winter) 1968ff. 13 Bde. geplant. Bisher erschienen: Bd. 1 (Généralités) und 6 (La littérature didactique, allégorique et satirique). Im Druck ist z. Z. (1975) Bd. 4 (mittelalterl. Roman), folgen sollen Bd. 3 (Chansons de geste) und Bd. 2 (Lyrik). – Umfassende Aufarbeitung der mittelalterlichen Literaturen der Romania auf gattungsgeschichtlichen Grundlagen. Die afrz. Literatur steht im Zentrum des Werks. Detaillierte Information zu allen wichtigen afrz. Texten; Dokumentationsschema s. zu Anfang jedes Bandes. Ausführliche Register.

KUKENHEIM, L. / ROUSSEL, H.: *Führer durch die französische Literatur des Mittelalters*, München (Hueber) 1968. Versuch einer übersichtlichen Darstellung.

LAGARDE, A. / MICHARD, L.: *Textes et Littérature, Moyen Age*, Paris (Bordas) 1960 (u. ff.). Schulbuch in Frankreich. Für Anfänger lesenswert.

PAYEN, J. Ch.: *Le Moyen Age I, des origines à 1300*, Paris (Arthaud) 1970. Auf soziologischem und kulturgeschichtlichem Hintergrund konzipierte Literaturgeschichte, die die Gattungsgeschichte und die Bedeutung auch der auctores minores für die literarische Entwicklung betont. Wertvolle bibliographische Angaben zu Autoren und Texten bis 1300 im Anhang.

POIRON, D.: *Le Moyen Age II, 1300–1480*, Paris (Arthaud) 1971. Ähnlicher Aufbau wie bei Payen, da in der gleichen, von Pichois herausgegebenen Reihe „Littérature française". Der bibliographische Anhang enttäuscht manchmal (im Vergleich zu Payen).

VORETZSCH, C.: *Einführung in das Studium der altfranzösischen Literatur*, Halle ²1913. Was Voretzsch z. B. zu den chansons de geste und zu den Romanen Chrétiens ausführt, ist noch heute durchaus lesenswert. Freilich sollte der Studierende, der sich rasch über einen bestimmten Text (nicht zu Referatszwecken, nur zum eigenen Überblick) orientieren will, stets auch eine neue Literaturgeschichte mit benutzen.

Sekundärliteratur zu einzelnen Texten: siehe die jeweiligen Editionen der Reihen *„Sammlung romanischer Übungstexte"*, *„Textes littéraires français"*, *„Classiques Français du Moyen Age"* und *„Klassische Texte des romanischen Mittelalters in zweisprachigen Ausgaben"*. Die Übersetzungen der letzteren Reihe beruhen zumeist auf älteren Editionen und sind nur selten mit Erklärungen versehen. Sie nützen daher nur Fortgeschrittenen zur Kontrolle der eigenen Übersetzung.

Geschichte und Soziologie

BLOCH, M.: *La société féodale,* Paris (Albin Michel) 1973. Preiswerte Taschenbuchausgabe des grundlegenden Werkes über die Geschichte des Feudalismus im Mittelalter, in der Reihe „Evolution de l'humanité".

BOSL, K.: *Die Gesellschaft in der Geschichte des Mittelalters,* Göttingen (Vandenhoeck) 1966. Sehr knapper Überblick.

DOBB, M.: *Entwicklung des Kapitalismus,* Vom Spätfeudalismus bis zur Gegenwart, Köln (Kiepenheuer & Witsch) ²1972 (engl. Orig. 1946). Bezieht auch historische Prozesse u. a. in Frankreich in die Beschreibung und Deutung ein. Ist freilich vor allem an der englischen Geschichte orientiert und berücksichtigt neuere Forschungen nicht.

DUBY, G.: *L'économie rurale et la vie des campagnes dans l'occident médiéval,* 2 Bde., Paris (Payot) 1962. Bekanntestes Werk des Schülers von M. Bloch.

HEERS, J.: *Le travail au Moyen Age,* Paris (P.U.F.) ²1968 (Que sais-je? Bd. 1186). Überblick über Wirtschafts- und Sozialgeschichte.

*pLE GOFF, J.: *Das Hochmittelalter,* Frankfurt a. M. (Fischer) 1965 (Fischer Weltgeschichte, Bd. 11, Taschenbuch). Besonders zu empfehlen: S. 37–84 und S. 111 bis 115. Betonung der Sozial- und Kulturgeschichte, z. T. detaillierte Informationen über die soziale Schichtung und ihre Wandlungen, Einbeziehung auch sprachlicher und literarischer Phänomene.

LEMARIGNIER, J. F.: *La France médiévale: institutions et société,* Paris (Colin) 1970. Gleiche Bemerkungen wie zu Le Goff. Dieses Buch ist nur spezieller auf Frankreich bezogen (s. z. B. zu hommage, fief und relations feudo-vassaliques in Frankreich, S. 126 ff.). Es ist leider wesentlich teurer als das Werk von Le Goff.

PIRENNE, H.: *Sozial- und Wirtschaftsgeschichte Europas im Mittelalter,* München (Francke) ²1971 (UTB 33, frz. Orig. 1933). Grundlegende Darstellung der ökonomischen Entwicklung.

WEBER, A.: *Kulturgeschichte als Kultursoziologie,* Heidelberg ²1950, Neudruck München (Piper) 1963, S. 285–301. Teilweise überholt.

Betrachtet man besonders am Beispiel des lateinischen und französischen Wortschatzes der sozialen Schichtung den Zusammenhang von Sprachgeschichte und Gesellschaftsgeschichte, und zwar unter primär linguistischem, diachronisch-strukturellem Aspekt (strukturelle Semantik, jedoch unter Einschluß der Referenzsemantik, Wortschatzwandlungen als Indikatoren für Wandlungen in der außersprachlichen Wirklichkeit), dann geben wertvolle Informationen:

GRISAY, A. / LAVIS, G. / DUBOIS-STASSE, M.: *Les dénominations de la femme dans les anciens textes littéraires français,* Gembloux (Duculot) 1969.

HOLLYMAN, K.-J.: *Le développement du vocabulaire féodal en France pendant le haut Moyen Age,* Genève–Paris (Droz–Minard) 1957.

LANGUE FRANÇAISE n⁰ 9, février 1971 (s. dort auch Bibliogr. S. 123–128, u. a. unter Batany, Dubois, Ricken, Wagner). – Siehe folgende Seite unter GOUGENHEIM.

Wörterbücher

BÉDIER, J.: *La Chanson de Roland (Commentaires),* Paris ³1927. Enthält ein vollständiges Wörterverzeichnis mit detaillierter Beschreibung der Formen und Bedeutungen von L. Foulet (S. 323–522).

**FOERSTER, W. / BREUER, H.: *Wörterbuch zu Kristian von Troyes sämtlichen Werken,* Halle ²1934, Nachdrucke Tübingen (Niemeyer) 1964 (u. ff.). Vom Preis her für Anfänger günstig. Bei Benutzung der Nachschlagetafeln I und II dieses Elementarkurses auch z. B. für Rolandslied und Marie de France zumeist verwendbar. Etymologische Angaben sind nicht in jedem Falle zuverlässig, siehe unten Etymologische Wörterbücher.

**GREIMAS, A. J.: *Dictionnaire de l'ancien français jusqu'au milieu du XIVᵉ siecle,* Paris (Larousse) 1969. Nachschlagetabellen I und II auch für dieses Werk benutzbar.

TOBLER, A. / LOMMATZSCH, E.: *Altfranzösisches Wörterbuch,* Berlin–Wiesbaden 1924 ff. Noch nicht abgeschlossenes vielbändiges Werk, 1975 bis „top-".

Zum zehnbändigen Wörterbuch von GODEFROY siehe Rohlfs, G.: Einf I, S. 56.

Etymologische Wörterbücher

MEYER-LÜBKE, W.: *Romanisches etymologisches Wörterbuch,* Heidelberg 1911, ⁴1968 (REW).

**WARTBURG, W. v.: *Französisches etymologisches Wörterbuch,* Bonn 1922ff., Leipzig–Tübingen–Basel. Eine Neubearbeitung der ersten Bände des Werks ist im Erscheinen begriffen. Teile von Bd. 24 und 25 (a – advenire, apaideutos – architectus) liegen bereits vor.

In beiden Werken sind die Wörter unter ihrem jeweiligen Etymon nachzuschlagen. Dagegen gehen von der neufranzösischen Form aus:

**BLOCH, O. / WARTBURG, W. v.: *Dictionnaire étymologique de la langue française,* Paris (Presses Universitaires de France) ⁵1968. Zuverlässige Angaben, auch in bezug auf das erste bisher bekannte Datum des Auftretens eines Wortes. Diskussion der Etyma. Verwertet die Arbeit am FEW.

**GAMILLSCHEG, E.: *Etymologisches Wörterbuch der frauzösischen Sprache,* Heidelberg (Winter) ²1969. Mit weiterführenden bibliographischen Angaben (s. hierzu auch das FEW).

Einige Hinweise zum Studium nach der Zwischenprüfung bzw. Oberseminar-Aufnahmeprüfung

Als Repetitorien zum Staatsexamen können neben den genannten Werken dienen:

*PINEICHEN, G.: *Repetitorium der altfranzösischen Lautlehre,* Berlin (Schmidt) 1968.

*PSÖLL, L.: *Das Altfranzösische im Staatsexamen, Prüfungsaufgaben mit Übersetzung und sprachlicher Erläuterung,* München (Hueber) 1966.

Bei der Beschränkung auf acht bzw. zehn Semester ist ein vertieftes sprachgeschichtliches Studium nicht mehr möglich. Einen guten Überblick über die Entwicklung vom Lateinischen zum Neufranzösischen geben:

BRUNOT, F. / BRUNEAU, Ch.: *Précis de grammaire historique de la langue française,* Paris (Masson et Cie) ³1949, Neudruck 1961.

*PCOHEN, M.: *Histoire d'une langue: le français, des lointaines origines à nos jours,* Paris (Editions sociales) ³1967. Enthält eine ausführliche Bibliographie S. 411–470 und ein umfangreiches Sachregister. Leicht verständlich.

FOUCHÉ, P.: *Morphologie historique du français, le verbe,* Paris (Klincksieck) ²1967.

DERS.: *Phonétique historique du français,* 3 Bde., Paris (Klincksieck) ²1969–1970.

GAMILLSCHEG, E.: *Historische französische Syntax,* Tübingen (Niemeyer) 1957. Siehe Rohlfs, Einf., S. 160 f.

GOUGENHEIM, G.: *Les mots français dans l'histoire et dans la vie,* Bd. I Paris (Picard) ³1968; Bd. II 1966. Vorstufe zu einer diachronisch-strukturellen Semantik. Leicht verständlich.

KUKENHEIM, L.: *Grammaire historique de la langue française.* 3 Bde.: Les parties du discours, Les syntagmes, Le phonétisme. Leiden (Universitaire Pers) 1967 ff.

**LAUSBERG, H.: *Romanische Sprachwissenschaft, Bd. I: Einleitung und Vokalismus; Bd. II: Konsonantismus, Bd. III/1: Formenlehre (Substantiv, Adjektiv, Adverbium); Bd. III/2: Formenlehre (Pronomen, Zahlwort, Verbum),* Berlin (Göschen) 1956 ff. – Bd. IV (Wortlehre) noch nicht erschienen. – Jeder Hauptfachstudent der Romanistik sollte das preiswerte Werk besitzen und häufig benutzen.

LERCH, E.: *Historische Syntax der französischen Sprache,* 3 Bde., Leipzig (Reisland) 1925–1934. Siehe Rohlfs, Einf., S. 76.

*PLÜDTKE, H.: *Geschichte des romanischen Wortschatzes, Bd. I: Wandlungen innerhalb der Romania von der Antike bis zur Gegenwart; Bd. II: Ausstrahlungsphänomene und Interferenzzonen,* Freiburg i. Br. (Rombach) 1968. Behandelt exemplarisch die Entwicklung des Wortschatzes und zeigt den Einfluß der Romania und besonders Frankreichs auf die europäischen Sprachen. Leicht verständlich.

NYROP, K.: *Grammaire historique de la langue française,* 6 Bde., Kopenhagen–Leipzig–London–New York–Paris 1899–1930. Weiterhin lesenswert, bes. Bd. II: Morphologie (²1924) und Bd. IV: Sémantique (1913).

PRICE, G.: *The French language: present and past,* London (Edward Arnold) 1971, paperback 1973. Konzentrierte Darstellung der Phonetik und Morphosyntax vom Lateinischen ab; Lernziel ist das historische Verstehen des modernen Französischen. Enthält viele wohldurchdachte Tabellen und auf S. 121–127 eine vereinfachende Kurzfassung des hier in Morphosyntax Anm. 26 genannten wichtigen Aufsatzes zu den Demonstrativa.

*ᴅVIDOS, B. E.: *Handbuch der romanischen Sprachwissenschaft,* München (Hueber) 1968. Dieses Buch referiert die Forschungsgeschichte bis etwa 1960 und setzt sich z. T. auch, von einem mehr konservativen Standpunkt aus, mit neueren Methoden auseinander. Leicht verständlich.

WARTBURG, W. v.: *Einführung in Problematik und Methodik der Sprachwissenschaft,* Tübingen (Niemeyer) ³1970. Frz. Übersetzung: *Problèmes et méthodes de la linguistique,* Paris (Presses Universitaires de France) ³1969. Das Werk ist nicht auf dem neuesten Stand, und mehrere für den heutigen Studenten wichtige Methoden (z. B. Methoden der Frequenzforschung und der angewandten Sprachwissenschaft) fehlen gänzlich. Kapitel III, Abschnitt 4 gibt eine diachronisch-strukturelle Betrachtung der französischen Sprache; sie bleibt grundlegend, ist aber z. T. veraltet.

*ᴅWARTBURG, W. v.: *Evolution et structure de la langue française,* Bern (Francke) ⁹1969. Leicht verständlich.

Alle genannten Werke können, eine kritische Lektüre vorausgesetzt, empfohlen werden. Besonders empfohlen wurden jedoch diejenigen Werke, die sowohl die Sprachentwicklung auf dem Hintergrund der politischen, sozialen und kulturellen Geschichte darzustellen versuchen, als auch zumindest die Entwicklung der modernen Linguistik, freilich nicht ihren jetzigen, hochdifferenzierten Forschungsstand, widerspiegeln.

Zur Entwicklung der Orthographie und des geschriebenen Französischen, für die das Altfranzösische grundlegend war und bleibt, gibt es noch immer kein zusammenfassendes modernes Werk. Verwiesen sei daher besonders auf BEAULIEUX, Ch.: *Histoire de l'orthographe française,* 2 Bde., Paris (Champion) nouv. tirage 1967, auf POPE (s. hier unter der Rubrik Altfranzösisch), auf die Beiträge und Literaturangaben in Langue française n⁰ 20, décembre 1973 (Thema: ,,L'orthographe“) sowie auf SÖLL, L.: *Gesprochenes und geschriebenes Französisch,* Berlin (Schmidt) 1974 und GOSSEN (s. Lautlehre, Anm. 50).

Folgende Arbeiten sind besonders lesenswert zum Thema der sprachlichen Umstrukturierung vom Lateinischen zum Neufranzösischen:

BALDINGER, K.: ,,Prä- und Postdeterminierung im Französischen.“ In: *Festschrift für W. v. Wartburg zum 80. Geburtstag,* Tübingen (Niemeyer) 1968, Bd. I, S. 87–106.

ROTHE, W.: ,,Strukturale Sprachwissenschaft und Historische Grammatik.“ In: *Zeitschrift für Romanische Philologie* 82 (1966), S. 583–596.

WEINRICH, H.: *Phonologische Studien zur romanischen Sprachgeschichte,* Münster (Aschendorff) 1958, bes. S. 1–11 (Minimale Phonologie), S. 12–42 (Der Quantitätenkollaps) und S. 248–266 (Das französische Drei-Konsonanten-Gesetz).

Weiterhin sei z. B. die Lektüre der folgenden *Originaltexte* empfohlen:

Aus dem 16. Jahrhundert:

Du BELLAY, J.: *La Deffence et Illustration de la Langue Françoyse,* éd. crit. par Henri Chamard, Paris (Didier) 1948 (u. ff.), eine ausgezeichnet kommentierte Ausgabe in der Reihe der S.T.F.M.

*u*Texte und Dokumente zur französischen Sprachgeschichte, 16. Jahrhundert,* zusammengestellt von Lothar Wolf, Tübingen (Niemeyer) 1969, Sammlung romanischer Übungstexte Bd. 52.

Aus dem 17. Jahrhundert:

Grammaire générale et raisonnée ou La Grammaire de Port Royal, éd. crit. par H. E. Brekle, Stuttgart-Bad Cannstatt (Frommann) 1966, und hierzu: CHOMSKY, N.: *La linguistique cartésienne, un chapître de l'histoire de la pensée rationaliste* (Übersetzung aus dem Englischen), Paris (Seuil) 1969 oder DONZÉ, R.: *La Grammaire générale et raisonnée de Port Royal, Contribution à l'histoire des idées grammaticales en France,* Bern (Francke) 1967.

*u*Texte und Dokumente zur französischen Sprachgeschichte, 17. Jahrhundert,* zusammengestellt von Lothar Wolf, Tübingen (Niemeyer) 1972, Sammlung romanischer Übungstexte Bd. 57.